臺灣沒說你不知道

生活在這塊土地的你可以拿來說嘴的七十則冷知識

每日一冷
Daily Cold
——著

序 「你知道嗎？」故事往往是從這四個字開始的

那年，為了準備出國考試，我和好友「聞史迭」（即Mr. Wednesday）報名了同一家補習班。在每次深夜返家的電車上，他都會以「你知道嗎？」作為開頭，和我分享一則「冷知識」。有時候，這些「冷知識」不一定「冷」，只是生活周遭的新發現罷了。不過，正因為有趣，消弭了通勤時的無聊時光。久而久之，我也開始蒐集身邊的有趣知識，準備在電車到站前「回敬」他。

後來才知道，聞史迭受到朋友的邀請，成為Facebook粉絲專頁「每日一冷」的編輯成員。他透過和我分享「冷知識」，來測試內容有趣程度，而我也因此開始關注「每日一冷」。那個時候，「每日一冷」才剛起步，在百餘篇的「冷知識」當中，有長有短，有深有淺，有的我已經知道，有的我意想不到。這些內容，幾乎出自「每日一冷」的創辦人之手。雖然有能力一手包辦，但這位後來被我們稱為「主編」的人物，為了讓內容更加多元，卻打算招攬不同領域的有志之士，來分擔一週七日的寫作工作，並以星期作為彼此代稱。會有這樣的想法，其實也源自他小時候，一段關於「知與不知」的小故事。

那是在主編國小時發生的事。某堂課上，老師講了一件他曾視為理所當然的事。狂妄如他，立刻扯開喉嚨，大呼：「老師！妳居然連這也不知道？」沒想到，老師不慍不火，反而用認真的口吻向他說：「對，我是不知道。並不是你了解的每件事情，別人都一定、或有義務知道。世上總是會有別人知道，而你不知道的事情。所以，希望下次當你說出『居然連這也不知道』之前，請先好好地想一想。」很遺憾地，這位老師已於不久前辭世。不過這番話，卻在主編的腦海中不斷迴響，並轉化為創立「每日一冷」的想法。聞道有先後，術業有專攻。你認為足以被稱為「常識」的事，也許對我而言卻是「冷知識」。那麼，何不建立一個讓知識互通有無的平台？

為此，主編邀請來自各領域的共筆作者，希望為「每日一冷」注入更多元的觀點。在閒史迭加入之後，我也因為電車上的「冷知識讀書會」而成為了星期五的執筆者Mr. Friday。時至今日，在「每日一冷」的編輯群中，有的人想要推廣地理知識，有的人則立志發揚原民文化；其中，更包括了天文、生物、醫學、法律、人類、歷史等領域的工作者。也許，我們加入「每日一冷」的故事都不同，但相同的是：我們都希望能藉由「冷知識」，傳遞溫度。在這本《臺灣 沒說你不知道》一書中，我們特地從「每日一冷」的平台中，挑選了七十篇和這塊土地緊緊相關的內容，並根據裡面的題材，粗分為「冷歷史」、「冷地理」、「冷藝文」、「冷生活」四大類。期待透過分享這些知識，並重新燃起你對生活週遭的好奇和趣味。

你知道嗎？我相信你們會喜歡的！

By
每日一冷
Mr. Friday

冷歷史

冷地理

冷藝文

冷生活

冷歷史

臺灣現存最老西餐廳・臺北北門紅磚樓・足球世界盃轉播史・明星花露水・神明遶境專用的GPS導航・漂洋過海的客家人總統・臺灣最美的風景「奉茶」……

這些故事，沒說你知道嗎？

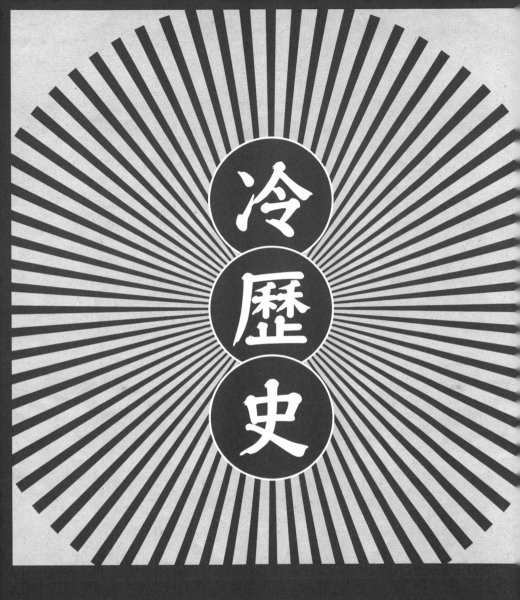

紅通通的臺北北門為什麼長得跟其他城門不一樣？

提到臺北市的東、西、南、北門，年輕點的朋友可會最先聯想到捷運站，但本篇要聊的主題不在地底下，而是關於地面上的歷史故事。

臺北府城自一八八四年（清光緒十年）建城到現在算算已經超過一百三十年，期間歷經了許多風風雨雨，也見證了一個又一個時代的更迭變遷。如果有人稍微留意過，眼尖的你可能會發現除了已被拆除的西門外，多數的城門都是綠屋瓦的廟堂形式，怎麼會只有北門紅通通的，長得和其他門不太一樣？這其實說來話長，我們還是先從其他門的悲慘故事談起吧……

清末臺北建城沒多久，臺灣便因為清日戰爭所簽訂的馬關條約割讓給日本。日人入臺

▲終於重現天日的臺北北門。

後，為了改善衛生條件與便於軍事防衛建設進行，在臺灣總督府的決定下於一九〇〇年（明治三十三年）公布了市區改正的計畫，一開始只是要在原有的臺北城牆上加開幾個城門方便出入。但是到了一九〇五年，臺北廳發布正式的計畫改為拆毀所有城牆與城門，並將城牆原址改設為三線道，西門也就因此被拆除。

當時的西門（寶成門）外，通往臺北最熱鬧的艋舺（現在的萬華）地區，亦是進入臺北城內的重要出入口。不過在艋舺和西門間也就是現在的西門町一帶，還是有許多較為低窪無人居住的待開發沼澤地，直到一九一九年（大正八年）日本人才將原本作為泊船場的土地填土墊高，逐漸規劃成專供日人居住的區域，成為我們現在看到的西門町前身。今天西門町的紅樓，就是一九〇八年所因應政策而興建的西門市場。

原本剩餘的其他城門也要跟著拆除，但拆除西門的舉動在當時已有古蹟保護觀念的社會引起極大的反彈聲浪，直到一九三五年（昭和十年）時，透過台灣總督府圖書館館長山中樵和其他學者的請命下，剩下的四座門才依照《史蹟名勝天然紀念物保存法》被訂定為史蹟。但被拆的城牆已是回不去了，有部分城磚被移去作為臺北監獄的圍牆，但有更大一部分就這樣隨地掩埋。今天在臺北車站下的站前地下街有一塊展示區，就是一九九三年臺北捷運板南線興建時，在地底下發現的城牆遺址組成的。

進入日治末期，因為太平洋戰爭爆發，臺灣總督府也無多餘經費繼續維護做為古蹟的城門；加上戰後初期的當時，古蹟維護的議題也非首要政策，進而導致包含北門在內的其他城門殘破不堪，直到民國五十五年，臺北市政府以「整頓市容以符合觀光需要」的理由，把東門、南門、小南門三個門上頭原來紅磚瓦閩南式城樓全部改建成中國式的綠屋瓦的廟堂建築。這就是為什麼今天我們看到的北門長得跟其他三個門都不一樣的原因。

咦？那為什麼北門能夠逃過一劫？北門之所以能保存最原始的樣貌，可以說是託了旁邊忠孝橋的福。這條連接市區跟三重的橋，最初設計是要先拆了北門再蓋橋的，所以「妨礙市容觀光需要」的北門就沒被納入當時的改建計畫之中，才在專家奔走之下成功生還，高架橋的設計也因而改變，但也導致北門被忠孝高架橋兩個車道夾住，幾乎要喘不過氣。後來在一九九五年忠孝橋的延平南路匝道因為使用率偏低被拆除，北門至此終於重見天日。

而在二〇一六年的二月十三號臺北市府已將忠孝高架道路拆除並順利通車了，未來甚至會重建一小段臺北城牆，試圖連結北門周遭的建築與文化資產形成新的文化意象，北門也將重新綻放它的歷史風華。

中華民國駐臺北總領事館，這是個什麼地方？

進入本篇主題前，各位知道領事館是什麼地方嗎？通常是彼此有邦交的國家，在對方境內駐派處理外交事務的機構，但「中華民國駐臺北總領事館」這個名稱就玄了吧，以現代觀點來看為什麼要在自己國家設立領事館，又是在哪裡呢？就請繼續看下去吧！

眾所皆知臺灣史在戒嚴時期不被重視，還常常成為政治的宣傳工具，解嚴前甚至有著臺北遭日本空軍無情轟炸造成死傷慘重的傳說流傳在民間；但對臺灣史有些概念的人一定馬上就能看出其中的破綻，當時臺灣還是大日本帝國的領土，怎麼可能會被同一國的日軍轟炸？

為了證明以上的傳說子虛烏有，在這裡要舉出另一個如山的鐵證，那就是中華民國政府曾經在日治時期由日本政府統治的臺灣設立過專門處理漢人的外交領事機構——中華民國駐臺北領事館。

但當時已經有了「中華民國駐日本國公使館」為何還要另外在臺北另設一個領事館呢？這是因為臺灣在一八九五年馬關條約中割讓給日本後，中國與臺灣自此分屬大清國與日本兩個不同的政權，雖然來臺不像清治時期那樣容易，但為了追求更好的生活，仍然有非常多的中國人民渡海來臺找尋機會與工作。不過在中華民國成立之初，臺灣並沒專門處理中國人來臺灣的官方機構，能夠處理這些「華僑事務」的只有在總督府允許下陸續設立的各省同鄉會或是會館，這對於在臺灣工作的中華民國國民非常的不便。

從一九二〇年代開始，在臺灣的中國僑民便不斷向北京的北洋政府陳情，希望能在臺灣設立專門的機構，甚至透過官方的力量在臺灣設立華僑學校。不過隨著國民黨的北伐成功，這些「華僑」便透過任職於國民政府中的半山人士（臺灣出身渡海至中國生活的人）求助，最終行政院在一九二九年決議在臺灣設立領事館，於一九三一年正式同意在臺灣設立總領事館處理中國與日本的外交業務。

這個總領事館也成了當時飄揚日本旗的臺灣島上，少數整年都會懸掛中華民國國旗的建築，其所負責的業務包含設立華僑學校、協助清末來臺的中國國民取得國籍、以及保護聯絡在臺灣的中華民國華僑，甚至還要替中華民國國民核發護照。而且在一九三一至一九三八年，總領事館開館的這段期間，也曾在臺灣博覽會展覽期間，接待過當時的福建省主席陳儀率領的參訪團參觀，這段承接外交事務的時光也在一九三七年蘆溝橋事變發生後的隔年宣告結束。

更少為人知的是，當時汪精衛在日本政府支持下，曾經在南京成立了普遍不被承認的中華民國國民政府，並在一九四一年重新恢復了中華民國駐臺灣總領事館的業務，在一九四五年戰爭結束後關閉，在這段時間任職於領事館的館員最終都被移送法辦。原址大約在今天中山北路的一百一十二到一百一十四號處，可惜的是，戰後因為產權轉移以及中山北路的多次拓寬，今天我們已經看不到中華民國駐臺北領事館的遺跡了。

如同寶物般成就輝煌的西門故事

民國一〇三年十一月正式通車的臺北捷運松山線，也因為路線上的北門站正式啟用，在城牆被拆除一百多年後，清代臺北城的各個門在地底下終於又重新相連在一起，雖然並不是以城牆而是以地下隧道的形式相連，從東門一路經小南門、西門至北門也只要花單程票二十元、悠遊卡十六元就可以繞完大半個臺北城，不過這一篇冷知識當然不只是要介紹這件小事。

本篇的主角是要介紹臺北建城後，當時五個城門中最華麗的城門，但現卻已不復在的西門「寶成門」，想知道為什麼以「寶成」為名，就不得不提到西門外的「艋舺」也就是今天的萬華發展史。清朝時期若是要從淡水進入臺北盆地，位於淡水河與新店溪匯流處的艋舺因為地緣關係可說是必經之處，也因此湧入了大量泉州移民，使得艋舺成了臺北盆地內發展較早又繁榮的地區，也才有「一府二鹿三艋舺」的說法。

而居住於此地的三邑人，主要的產業是將臺灣出產的各種貨物販賣至福建偏北的泉州與福州等地，因此稱為「頂郊」，跟多和廈門等地貿易的同安人「廈郊／下郊」有所區別，也因為兩者在貿易與地盤上有所競爭，隨著人口愈來愈多，終於在一八五三年發生了非常有名的「頂下郊拚」，拚輸了的同安人便和他們祭祀的霞海城隍一同移住到大稻埕一帶，而三邑人信奉的龍山寺也就香火更加鼎盛。臺北建城後，當時也出錢出力協助臺北城興建的三邑人，便想藉由雕樑畫棟的『寶物成就』來維持艋舺的貨物流通興旺。

但萬華火車站與龍山寺一帶明明就離小南門比較近，為什麼當初不是小南門叫做寶成門呢？正所謂姑蘇城外寒山寺，我們臺北城則是「西門城外龍山寺」。大家若有機會對照清朝光緒時期的地圖其實就會發現，當時的艋舺地區和我們現在認知萬華其實有段落差的，當年的西門外面就是艋舺，許多貨物都是要從西門出臺北城，並在艋舺沿岸上貨船載至下游的淡水出海，那時的繁華熱鬧與熙攘往來也可想而知。

而日治時期，台灣總督府在一九〇五年市區改正的拆牆過程中，總督府逐漸產生想要將西門城門外廣大的土地從泊船場改規劃為日本人的休閒商業區，並效仿東京淺草區設立娛樂場所。其中最早的娛樂設施為一八九七年的臺北座、一九〇二年的榮座（現為新萬國商場）及一九〇八年的八角堂（今西門紅樓）。而當初的新世界館，也就是今日的西門捷運站六號出口外的街道，稱為「片倉通」，至今仍有許多日本料理店立足於此。

但在拆除城牆與西門之後，引起了當時廣大的民意反彈，歷經許多有識之士各處奔走挽救後，才致使臺灣總督府拆除其他四座城門的計劃喊卡。因此西門成為臺北城五個城門裡面，唯一拆光光，連一點痕跡都不留下。

正因總督府設立的休閒商業區，使得西門町成為了全臺灣最早官方所劃定的商業區。而西門町到了今天榮景依舊，現在仍是臺北西區相當重要且國際化的商圈，城門縱使已不在，但「寶物」依然「成就」耀眼。現在為了紀念西門，在西門捷運站出口對面，是寶慶路與衡陽路交叉口處，設有「寶成門舊址」的石碑。而二〇一四年在慶祝臺北建城一三〇週年活動中，也在西門捷運站四號出口設立了會發出七彩光芒的寶成門裝置藝術招牌「西門印象」，重現當年西門的意象。

行憲紀念日與聖誕節同一天……其實並非巧合

每年十二月二十五日是西洋的聖誕節，同時也是中華民國的行憲紀念日，這應該是大家都知道的生活常識了。而提到行憲紀念日，可能很多人會覺得相當「實用」。因為，如果沒有另一半可以一起過聖誕節「放閃」，至少有個冷眼他人的絕妙藉口：「毫無反應，不過就是個行憲紀念日嘛！」不過你知道嗎？行憲紀念日會「訂在」十二月二十五日，案情可能並不單純。

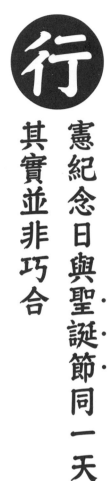

你可能知道，過去行政院所討論的放假方案之中，曾有考慮增加放假節日。例如，恢復周休二日實施以前，原本會在聖誕節放假的「行憲紀念日」。

民國三十五年，制憲國民大會明定「本憲法在一九四七年十二月二十五日實施」，並在此之前選出國民大會代表、立法委員及監察委員。一年過後，在民國三十六年的十二月二十五日當天，總統蔣中正則發表了「聖誕節」談話。其中說到：

「中華民國三十六年，就是耶穌降生後的第一九四七個聖誕節，將是我們中華民國和全體人民統一獨立平等自由新生機運肇始的一天。我們新憲法特點，就是保證要把基督教裡的基本要素，即個人的尊嚴和自由，普遍的給予我們的全國同胞。這個新憲法確認了全國國民的各種自由權利，它在國家統一與自由之下，於一個自由人民的精神中孕育誕生。我們認為新憲法的實施，只是完成我們建設新中國的最後目標的初步。但這對我們中國三千年來專制政體和封建社會是一個劃時代的進步。我願我們全國同胞，憑著信仰和虔誠，共同一致，努力前進。」

因為這段談話，許多人認為「行憲紀念日」是身為受洗為基督徒的蔣中正所特別安排的。當然，其原因並不得而知，有人認為可能是應妻子蔣宋美齡所要求所致。無論如何，如果這樣的傳言屬實，那「行憲紀念日」最主要的目的，當然就是想到可以在慶祝西洋節日聖誕節的這一天，想起這是中華民國的行憲紀念日；反之，也可以在慶祝行憲紀念日的這一天，順便慶祝一下這個對基督徒來說非常有意義的日子。

平地原住民和山地原住民怎麼分，誰說了算？

雖然今天臺灣大多人可能都不具備原住民身分，即便到了選舉時期原住民選情相對來說也不太熱絡，但是你知道「平地與山地原住民」是怎麼區分出來的嗎？也許讀者會直覺認為就是以平埔族、高山族來區分兩者，但是平埔族不一定只住在平地，高山族更不一定住山上。而且現在也有許多平埔族普遍被認為早已漢化，也不被承認，那當然也不會有政府認可的「原住民」身分。

那到底是到底是怎麼分呢？且讓我們翻開《原住民身分法》第二條：

『本法所稱原住民，包括山地原住民及平地原住民，其身分之認定，除本法另有規定外，依下列規定：

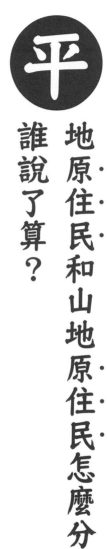

一、山地原住民：臺灣光復前原籍在山地行政區域內，且户口調查簿登記其本人或直系血親尊親屬屬於原住民者。

二、平地原住民：臺灣光復前原籍在平地行政區域內，且户口調查簿登記其本人或直系血親尊親屬屬於原住民，並申請户籍所在地鄉（鎮、市、區）公所登記為平地原住民有案者。

也就是說，如果今天你是在一九四五年（民國三十四年）以前出生的的原住民，就看你當時戶籍設籍的地區來決定是山地原住民還是平地原住民；但如果你是一九四五年以後才出生，則是看你的直系血親（父母、祖父母）當時的戶籍地來決定。

簡單來說，如果你的祖父或父親是達悟族，但在一九四五年後就搬到都市居住，成為「都市原住民」，甚至不曾回過蘭嶼，但是在原住民身分法的規範下，就只能被認定為山地原住民。

更不合理的地方是，在《原住民身分法》第二條的規範下，阿美族人有99%都被歸為平地原住民，甚至山地賽夏族跟平地賽夏族的差別其實就只是一九四五年以前，一邊住山上、另一邊住平地而已，文化認同上並沒有太大的差異。

台灣平地&山地原住民族分佈簡圖

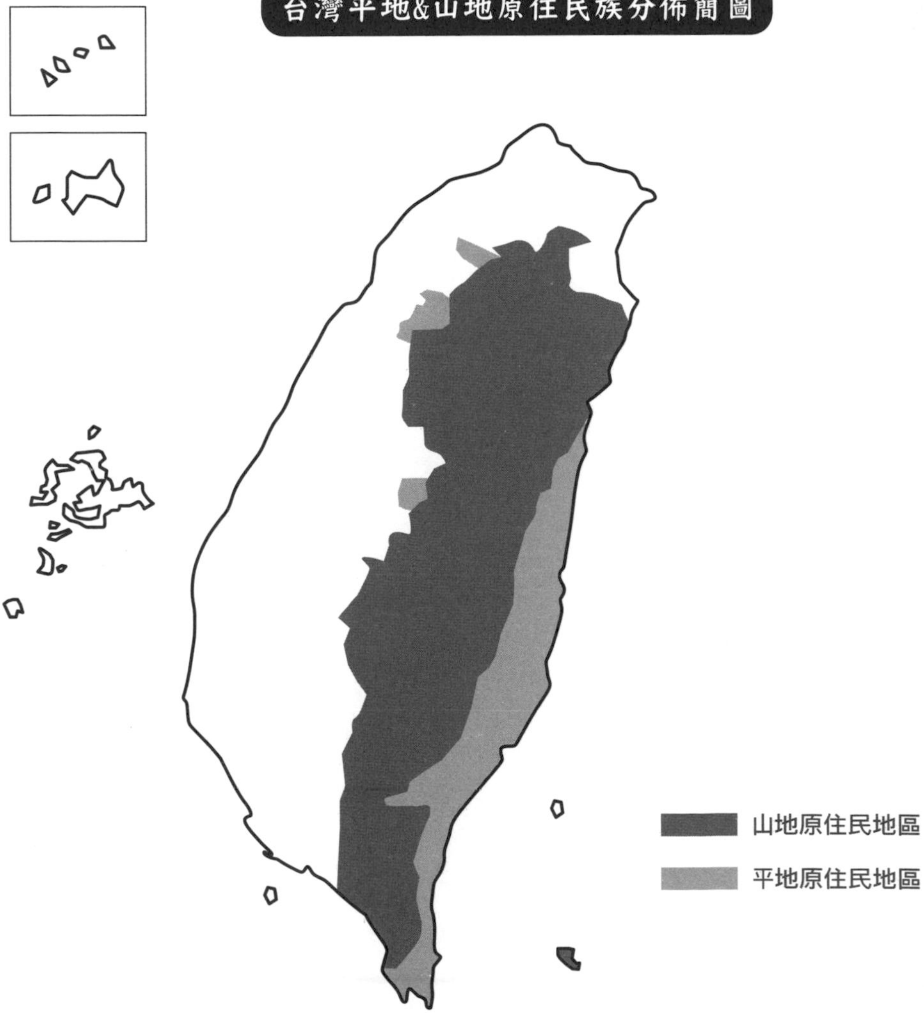

這個規定也許依當時的時空看來合理，但隨著時代演進早就不符合現實上的需求了，而且加上這幾年來原住民的自我認同復興，有更多原有的族群被政府承認加入官方認可的原住民行列之一，大家也都知道現在被認可的原住民已達十六族了。

但是因為原住民身分法的規範下，山地原住民跟平地原住民加起來只有六個席次，並不符合族群平等的原則。而除了選舉制度上的不合理，其實像是社會福利、教育等等各種制度上也被很簡單的用平地跟山地來二分，缺乏更細緻的討論與政策制定。

所以，如果你剛好是具原住民血統的讀者，未來選舉時就要更加謹慎選擇候選人；若是白浪（原住民稱漢人）讀者，那未來投票之前也可以督促你選區的候選人未來協助修法讓不合時宜的法律能夠更貼近現實。

當了大半輩子鄒族人的拉阿魯哇族與卡那卡那富族

隨著原住民意識的興起，獲得正名的原住民族也愈來愈多。從最開始的九族到了二〇一四年，中央政府承認的原住民族已經有了十六族之多。原住民族可以得到官方的認可，是一件很好的事情，但是可以想像國中、高中生可能會對於要背誦新增的族名以面對考試而感到傷腦筋吧！

最新獲得行政院原住民族委員會認證的兩族為：「拉阿魯哇族」和「卡那卡那富族」。就跟九族以外的其他族一樣，其實這兩族一直都存在，所以用「新增」二字來形容他們，其實不是很正確。就像美洲一直都存在，所以「地理大發現」並不是美洲被發現，所以現在改成「大航海時代」會是比較正確的說法。

拉阿魯哇族和卡那卡那富族兩族原住民，從很久以前就生活在今天高雄市娜瑪夏區和桃源區一帶，只是在以前都被歸類為南鄒族。那為什麼一開始會被歸類成南鄒族？這就得回推到日治時代，由於住在這兩地的原住民他們在衣著和習俗上被認為和住在阿里山的曹族（日治時代對鄒族的稱呼）十分類似，雖然語言上相差極大，但仍然被認為是曹族的一支。所以在阿里山的曹族稱作「北曹」，而在高雄的則稱作「南曹」。

可是奇怪了，如果他們覺得自己跟曹族不一樣，怎麼那時候不抗議呢？原因是這樣的……其實原住民和漢人對於族群的觀念是非常不同的，原住民早期只有「社」的概念，也就是用部落來劃分你我，即使語言相通，但不同部落之間還是很有可能是敵人的。也因此，在日治時期「族群」的觀念引進以後，拉阿魯哇族跟卡那卡那富族才認知或是被灌輸他們是拉阿魯哇「社」的曹族人、以及卡那卡那富「社」的曹族人。但是這兩族跟阿里山的曹族幾乎沒有接觸，也就這樣相安無事的認同自己是曹族。

這樣情況，直到了戰後曹族被更名成鄒族而有了改變。「鄒族」的概念，特別專指阿里山區域為主的文化，這對住在高雄這兩地區的原來的「南曹人」感到十分困惑；又加上在民國八十二年時，「北鄒」阿里山鄒族、「南鄒」拉阿魯哇鄒族及卡那卡那富鄒族，一起被邀請到國家戲劇院表演傳統祭典時，這才發現「什麼！彼此語言幾乎不通啊！而且祭典也不一樣，那我們還可以都算是鄒族嗎？」

從此，南鄒的這兩社就開始推動正名運動，他們認為雖然自己在文化上確實和鄒族有點類似，但是拉阿魯哇有自己的「貝神祭」；卡那卡那富也有自己的獨特的「河祭」，這都和「北鄒」有很大的不同。而在民國九十八年發生的八八風災，受創嚴重娜瑪夏區與桃源區正好就是這兩族世居之地，也更加使得他們想要正名以慰祖靈的心情愈來愈深，也在各方奔走努力下，終於在二〇一四年獲得正名。

當然在正名之後，並不是說他們就此與鄒族便一刀兩斷、從此老死不相往來。族群的邊界本來就不是可以清楚的截然劃定，而是在持續的接觸、互動與對比的過程中映照出來的。除了與鄒族的關係之外，因為他們的居住地也鄰近布農族的分佈範圍，有些語言、歌曲等等文化面向也都是相互影響來的。

如果今天你是這兩族的人，而且也很清楚自己在許多地方就和鄒族有些不同，是不是也希望別人用正確的名稱稱呼你呢？也就是說，或許正名更重要的意義在於：我們要懂得尊重當地人認知他們自己是誰、擁有什麼樣的根源，而不光是為了要應付考試背起來這些族名而已。

回憶裡的旋舞曲，臺灣現存最早的西餐廳

大家應該都吃過西餐吧？每每看到桌上擺滿的刀叉是不是也跟筆者一樣，不知道從何用起。不過別擔心，本篇要分享的不是西餐禮儀，而是想問問各位，你知道臺灣現存的早期西餐廳是哪一間嗎？

有看過電影《阿嬤的夢中情人》的人可能還記得，當王柏傑所飾演的「萬寶龍」邀請安心亞所飾演的「蔣美月」到高級西餐廳去喝咖啡，卻因此讓蔣美月看破萬寶龍的手腳，並發現她心目中的那美好萬寶龍，其實只是個滿嘴隨著劇本台詞胡謅的草包罷了。同時，你可能還有印象這家西餐廳，名字叫做「波麗路」。在這幕場景中，電影應景地配上法國作曲家拉威爾的〈波麗露〉（Bolero），蔣美月也藉由這首舞曲的特色，向老粗萬寶龍解釋為什麼電影劇組裡面的每位工作人員，都是舉足輕重的角色。

▲當年的文青老店，依然挺立在大稻埕街頭。

事實上劇中位在臺北大稻埕的波麗路餐廳。不單只是電影場景而已。一般認為，波麗路是臺北第一家西餐廳，同時也是臺灣現存最早的西餐廳。西元一九四三年，原先在日本人開設的西餐廳學藝的廖水來先生，因為喜歡古典音樂，開設了以Bolero為名的西餐廳。廖水來先生不但喜歡音樂，也資助臺灣本土畫家。在當時的臺北，能夠上波麗路餐廳用上一餐的不是達官顯貴，便是文人雅士。上波麗路餐廳聽音樂、喝咖啡，是當時最時髦、最潮的一件事情。也因此，這間餐廳當時不但吸引了許多藝文人士到此談論藝術、議論時政，也是許多男女相親的首選地點，可以說是臺灣沙龍文化之濫觴，也見證了生活西化的開端。

因為這樣神聖且傳奇的地位，在《阿嬤的夢中情人》之前，波麗路早已出現在許多電影中，成為談事情、論藝文的象徵地點。甚至在綠光劇團的《人間條件2》中，將波麗路餐廳搬上舞台，並且由導演吳念真親自擔任服務生為劇中的女主角Yuki點菜。

為了撰寫本篇，筆者假取材之名行嘴饞之實，親自前往大稻埕，不但想「朝聖」一下這家傳奇餐廳，也想親自品嚐一下著名的波麗路料理。到了民生西路，才發現波麗路因為兄弟分家，分別在民生西路308號和314號開了兩家店。至於哪一家是本店哪一家是新店，就留給大家猜猜看吧。

在蘭嶼和鬼一起捕魚，達悟族的鬼魂觀

說到蘭嶼，大家不知道會想到什麼？是達悟族飛魚祭、觀光勝地的打工換宿，還是屢次出現在新聞版面上充滿爭議的核廢料問題？一般人在講到蘭嶼的時候，頂多想到的是與海洋相當親近的達悟族，但是到底怎麼樣的親近法卻鮮少有人知道。事實上在達悟族的文化裡，就連提到鬼魂都與海洋脫離不了關係。傳說中在很久很久以前，有這麼一個捕魚的故事是這樣說的。

有兩個人相約到海邊捕魚去。但其中一位其實是鬼，因為男子沒辦法看到他的臉，一開始選擇在面海那邊撈魚，而讓那個鬼在靠岸的地方趕魚。同樣的，當這個鬼開始趕魚的時候，男子就得先拿著網去撈魚。

「你可以趕魚了，把水溝裡的魚趕來出海口讓我撈吧！」男子這麼說。鬼把棒子插入溝中趕魚，男子則在水溝的另一端等著撈魚。每當他們撈到魚的時候，鬼便會問：

「朋友，我們撈到的是什麼魚？」

「是arawa魚。」

「哎，是rarawa魚啊！」

這男子告訴他：「你就不要說出來嘛。」說著便把魚裝到漁網去了。

然而，當他們到下一條水溝、下下一條水溝的時候，也和前面發生的事情一模一樣。鬼把kakaray魚說成是rararay魚、把mahabteng魚講成是bebeteng魚，總是用奇怪的發音將名字唸錯。於是男子驚覺「他一定是鬼！我明明都告訴他名稱了，他卻總是用不同的說法講魚的名字。」於是腦筋動得很快的男子決定設計這個可疑的鬼。

「朋友，我們該回家了！」

「我來提我們的魚唷。」鬼這麼跟男子說道。但人類卻為了剛剛設想好的那個計謀而告訴他，讓人類自己來提魚，鬼就負責拿趕魚棒好了。於是才走到一半的路，人類著急的攘攘著，說他肚子痛，得去上大號。男子才剛講完、一離開鬼的視線便拔腿就跑，一直跑一直跑。等了許久的鬼，等到發現不對勁的時候，那人的背影就已經像顆粒一樣小了，正在前方的路跑著。

「該死的，快開門啊！」男子氣喘吁吁的一路從海邊跑回自己的家門前，只見他太太不疾不徐地開門問道：「怎麼啦？什麼事這麼急？」

「快呀！把門關上，有鬼啊！」他把門關上並扣上門栓，不論那鬼怎麼敲門、怎麼呼喊，就是不應聲。「不分漁獲給同伴的人！不分漁獲給同伴的人！」門外的鬼不斷的這樣喊著，直到男子連衣服都不換直接就睡覺去了，聲音才慢慢的消失。第二天早上男子起床以後，便到了屋裡的一個角落看他昨天放在那兒的魚，卻發現所有的魚都被切成了半條魚，鬼將每條魚切半給帶走了。

「鬼已經分好了漁獲，但現在這些跟鬼一起捕的魚還能吃嗎？」人類望著那一條條被剖成一半的魚，這麼說著……

達悟族人的生活環境因為座落在滄茫大海之中，有一套複雜且精細的海洋、魚類與海底生物等知識系統。而且不只是能夠辨識出多種類的魚，他們在「誰可以吃什麼樣的魚」方面，也有可以與社會文化相應對分類系統。針對各種魚類的生物特性，他們便區別出老人魚、女人魚、男人魚和小孩魚，顯然社會生活與自然環境的關係是緊緊扣連在一塊的。這也難怪「與鬼捕魚」的故事結尾裡，人類會如此惆悵的說道：「鬼已經分好了漁獲，但現在這些跟鬼一起捕的魚還能吃嗎？」

除了這位「鬼」看起來並不在食用魚類的分類系統之外，事實上達悟族傳統文化概念中的惡靈（anito）也是一個讓人不敢輕易靠近與接觸的東西。原來惡靈對他們而言多半被認為是會帶給人類病痛的原因，尤其在老人的身上更是明顯。所以在過去的習俗中，達悟族的老人會選擇離開家人而離群索居，害怕讓身上的anito影響到家人甚至是抵抗力較差的孩童。

簡單瞭解了這樣的概念以後，不難想見「義診」這件事情過去在蘭嶼是多麼的奇怪，老人們甚至多半會拒絕醫護人員的協助。雖然說在該族文化的脈絡裡，與老人家同樣性別的子女仍然可以擔負起照顧的責任，但是倘若碰上剛好沒有同性別的子女、或者是子女皆不在身邊，便仍然是個難以解決的問題。

以上並不是要責難這樣的習俗，畢竟對於某些人來說那就是他們自小以來習得的價值觀念，直接以迷信、愚昧等心態來看待他們反倒不能解決問題。也正是因為如此，我們在思考達悟族人所需要的長照制度與醫療體系等等便更應該得從他們的文化脈絡下去構思解決之道。這樣的提醒並不是只是達悟族而已，當我們遇上不同族群文化的時候都需要謹慎的思考。

順帶一提，生活在蘭嶼的臺灣特有種、現在已經屬於保育類昆蟲珠光鳳蝶，為何過去能夠在蘭嶼持續的存活？從牠在達悟族的族語名稱kazeng kazeng cin，便能夠瞧出些端倪。所謂的kazeng kazeng cin有離去、遠去的意思，直接來說也有「過世」的意思。這也是為什麼牠在達悟族又被稱作是pahapahad no anito「惡魔的靈魂」。這anito背後的文化概念與意涵，讓傳統的達悟族人不太敢接近牠，直到近代人們大量捕捉以製成標本才造成牠的生存危機。

註：口述故事「與鬼捕魚」的來源：蘭嶼達悟語口語資料典藏網

臺北城東西南北四個門，多出個小南門是打哪來的？

隨著忠孝橋引道的拆除，臺北城北門與他快樂的夥伴們，也再度浮上新聞版面受到大家熱烈的討論，不知道讀者有沒有想過為什麼只有南門有個小弟叫小南門，而其他方位的門並沒有小弟或小妹呢？

莫非是在臺北城牆與城門興建完成後，考量到板橋發展也愈來愈興盛而加蓋的門？答案當然不是如此，要知道箇中奧妙，就得請讀者們回想一下國高中歷史課臺灣史部分學的「漳泉械鬥」，同為福建移民的漳州人和泉州人因為先來後到、土地水源等各種原因，在清治時期的臺灣常有各種武裝衝突發生，而這所謂的漳泉械鬥其實更造就了小南門的興建。

▲小南門的誕生和當年台灣首富密不可分。

要了解原因，首先得先從當時的一句臺灣俗諺「一天下，兩林家」說起，也就是霧峰林家與故事的主角「板橋林家」。原籍福建漳州的板橋林家，早在一七八四年（乾隆四十九年）就已由開臺祖林映寅與其子林平侯渡海來臺並定居在臺北新莊一帶，之後逐漸將重心移往今天板橋一帶，經過百餘年的經營，到臺北城建城前的十九世紀末甚至到了富可敵國的程度，板橋林家所居住的板橋一帶，當時是漳州人所聚集居住之處，而敵對的泉州人則多半居住在艋舺（今臺北萬華）一帶，雙方隔著一條新店溪平時大多也都相安無事，但是就在臺北確定建城後，這可讓漳州人開始煩惱了起來。

打開清治時期的地圖，可以發現在當時若是要從臺北到板橋一帶，必須從西門出城經過艋舺再過河到板橋，如果城建好了豈不是回板橋時都得看泉州人的臉色嗎？因此，板橋林家為了解決這個困擾，因而決定捐錢給朝廷來幫忙修築臺北城，也順便用家族積蓄在臺北城西南處蓋了這座小南門，進城出城時就不再需要經過泉州人的根據地了。可能光憑以上文字難以想像板橋林家的富有程度，除了讓清朝政府特別為他們興建一座城門外，在馬關條約簽訂後，日本原要將難以管理的臺灣賣給法國，當時板橋林家也曾率領台灣民眾欲將臺灣從日本手中買回；到了日治時期也曾針對臺北地區富豪進行調查與排名，第一名不意外當然是板橋林家，資產達一億一千萬元，和第二名的知名買辦商人李春生一百二十萬元可說是天差地遠啊。

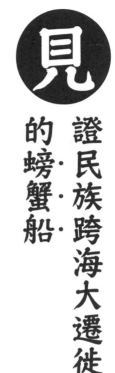

見證民族跨海大遷徙的螃蟹船

雖然大家不一定坐過獨木舟，但至少曾在電視或其他媒體上看過，對它的造型不至於太過陌生吧，但你有聽過被稱為螃蟹船的獨木舟嗎？螃蟹船之所以被叫做這個名字，是因為人們在獨木舟的一側或兩側加裝了和獨木舟同向的小型舟艇或舟型浮材，模樣像極了在海上漂浮的螃蟹。這種類型的獨木舟在東南亞與大洋洲有相當悠久的歷史，是幾千年前南島語族的先祖們在海上航行的主要工具，直到現在也還是有不少地方仍持續地仰賴它捕魚、交通或是作觀光之用。

螃蟹船加裝的配備當然不會只是裝飾品而已。這樣的設計克服了獨木舟容易在茫茫大海的風浪中橫向搖晃而翻覆的不穩定性，同時也保有獨木舟輕便且易於操縱的優點。十六世紀麥哲倫首次環航地球的過程便有文獻紀錄提到，他們的船在經過馬里亞納群島附近的時候，就被這種航行速度快、穩定性高的螃蟹船給「超船」。史前人類更曾搭著這樣勇健的小船一路往東到復活節島，向西則去到了馬達加斯加以及東非沿海一帶。甚至不只有人跟著螃蟹船四處移動，稻米、芋頭、地瓜、椰子、麵包樹等「獨木舟植物」也隨著他們一起散佈到世界的其他角落。

雖然不是所有的地方都還繼續使用螃蟹船，但是它卻以語言的形式保留在各地，比如菲律賓語稱其為Bangka，庫克群島人叫它做Vaka，而夏威夷語則是wa'a。同樣是南島語族根據地之一的臺灣，其實也把指涉螃蟹船的詞彙留在我們的地名裡頭。也就是萬華的古地名「艋舺」，這兩者之間絕對不是巧合。全因當地是過去平埔族獨木舟靠岸的地方，才會因此得名。也見證了南島語族祖先在人類史上最後一次大遷徙的軌跡，就這麼透過語言的保留而被我們見證了。

近幾年，大洋洲許多島國希望保存可能即將消失的文化與技術，不少人開始重新向老人家學習建造與操縱螃蟹船的技術。幾年前在庫克群島舉辦的太平洋島國論壇，本來甚至計劃要讓各國領袖搭乘螃蟹船與會，可惜最後因天候因素而作罷。不過在那之後各地還是有類似的航行計畫，有國家元首還真的就把螃蟹船當作交通工具出海拚外交。不知道會不會有一天臺灣為了恢復傳統文化與發展文創產業，讓螃蟹船在臺灣沿岸重現過往的風華呢？

阿美族服飾配件中的瑞士創意奇想

讀者們看到這篇標題，想必是一頭霧水——臺灣南島語族中的阿美族怎麼會跟瑞士扯上關係呢？在進入主題以前，我們就先來補充一些關於臺灣目前原住民人口最聲勢浩大、又常給人能歌善舞印象的阿美族的一點小知識吧！

根據語言與服飾還有分部地區來看，目前主要分布在花蓮至臺東沿海一帶的阿美族大致可以分為「北群」——南勢阿美、「中群」——秀姑巒阿美與海岸阿美，以及「南群」——臺東的馬蘭阿美與恆春阿美總共三個大群。其中北群與中群在服飾和語言上較雷同，而居住臺東及屏東地區的南群阿美服飾和詞彙則與前兩者有較多差異。

簡而言之，北群與中群阿美的服飾在主色上以鮮紅色為基調，款式較為簡潔；而南群阿美受到卑南族、排灣族影響，在服飾主色上以紅黑、藍、綠等多層次穿搭為主。另外，南群阿美傳統服飾配件中，有一項是北群與中群阿美絕對不會出現的——披在肩上的「霞披」。沒錯，雖然分布極廣的阿美族各地區服飾都有些許不同，但是居住在臺東屏東地區的阿美族在豐年祭時，多會有一件披在肩上的「霞披」，也許款式有繁複有簡潔，但這是其他地區阿美族都沒有的服飾配件。

奇怪？為什麼平平是阿美族，為何只有南群阿美有霞披？而且是這樣一件帶著濃厚漢人色彩的配件？要是讀者有時間搜尋「霞披」，最前面跳出來的可能會是傳統漢人女性的結婚服飾「鳳冠霞披」。但不是在講阿美族跟瑞士人嗎？為什麼又出現漢人來啦？

這就必須話說從頭了，根據原住民文化大辭典的紀載，由臺東地區阿美族人口述歷史中得知，約在民國五十七年左右，一位瑞士籍的修女魏克蘭來到臺東長濱鄉傳教，待在臺東的那些日子，她被阿美族豐富的文化所吸引，十分熱心地參與及學習阿美族傳統文化。她也發現在三四十年前的臺東，由於物資缺乏，加上政府不重視原住民文化，很少有人能盛裝出席豐年祭。因此魏克蘭修女便主動表示想要替部落的婦女設計豐年祭的舞衣，希望大家都能夠自己做舞衣，不需要遠到臺東市區訂做。在這樣的構想之下，魏修女參考了傳統漢人衣著中類似寬短版的圍兜，覆蓋範圍由領口至前後肩膀，下緣多為圓弧狀型似雲朵的「雲肩」，和一條條縫製在雲肩下緣，自胸口垂至腰際，上有繽紛繡花或圖騰的劍形緞帶「劍帶」。以這兩項配件配合南群阿美傳統服飾中既有的色調，設計出五顏六色的繽紛霞披。

相較於要做出整件華麗的服裝來說，霞披的成本省了不少，又加上五顏六色的霞披和劍帶，讓居住在海邊的阿美族想起海中色彩繽紛的珊瑚與各式各樣的海洋生物，很快地就成了豐年祭中的必備服飾，阿美族的傳統服飾也就這樣默默和瑞士有了不可思議但卻又有點溫馨的連結，並且成為了阿美族傳統服飾中不可或缺的一環。

所謂的傳統，並不永遠只由單一的族群文化構成的。文化也是一直在流動的，不僅會因為時間遞移而有所轉變，它的面貌也不斷透過群體互動有了不同的面貌。實際上，並沒有所謂「純粹」的「文化」這回事，只要願意跨過經驗的邊界，你也可以發現全新的世界。下次造訪花東的時候，若能幸運地參與到豐年祭，不妨注意這多元文化上的連結吧！

阿嬤的香奈兒香水，老一輩愛用的明星花露水

本篇要來介紹大家一項歷久彌新阿嬤級百年商品「明星花露水」。提到這項產品年輕人不一定見過實體，但若是有在看鄉土劇，應該對劇中阿嬤聞了一下居然就逆齡回春的神奇劇情記憶猶新吧！而看過或使用過這項產品的朋友，不知道對它的最初記憶來自哪裡呢？是在外婆的梳妝台上，還是家裡的廁所芳香劑？不論如何，相信這味道對許多人來說都充滿了長輩的回憶，對老一輩的女性同胞來說，在當年甚至是出嫁必備嫁妝之一呢！

首瓶明星花露水誕生於一九〇七年（清光緒三十四年）的上海灘，是由上海藥商周邦俊所研發調製。當時市面上也有其他的花露水品牌，但要是沾染在衣服上便會留下難以洗淨的黃色污漬，所以周邦俊才研製出的透明無色，即使不小心沾染在衣物上也能

輕鬆洗淨的花露水，一推出之後就受到廣大歡迎。墨綠色的玻璃瓶身外觀上是個穿著粉紅色露肩洋裝、雙手拉開裙擺、翩然起舞的女孩。這樣的形象在當時是時髦的象徵，深受年輕仕女喜愛，也成為當時上流社會最暢銷的香水之一。

隨著時代的變遷，在臺灣，明星花露水最穩定的客戶卻從窈窕淑女漸漸轉變成陽剛威武的國軍弟兄。從上至長官，下至小兵，都會它用來消毒消臭之外，更將這樣的習慣帶入家庭，所以連帶著軍人眷屬也成了明星花露水的愛用者，因此軍公教福利中心至今仍是明星花露水的重要通路之一。

時至今日，雖然明星花露水身為香水的功能性已被許多國外進口的高級香水所取代，在一般大賣場甚至被歸類到清潔芳香劑區，但實際上它還有不少好用的功能，簡直就是居家必備的神物等級，而它首屈一指的妙用就是「消毒」。民國九十二年SARS在臺爆發時，正因為花露水的成分除了香精跟水，其酒精成分高達70％到73％，濃度正好具殺菌效果，也不需要再多加稀釋便能直接擦拭消毒，也因此翻身熱賣了好一陣子，在當時就跟口罩一樣，想搶還不一定搶的到。

另外，由於明星花露水所含的酒精是食用酒精，因而早期派駐中東地區的榮工處員工，因身處禁酒的回教國家，就以花露水加水稀釋來解酒癮，遂有「阿拉伯人喝花露水」的說法。有趣的是，有人拿它當酒解饞，卻也有人拿它來醒酒。聽說在熱毛巾上滴數滴花露水，再敷在醉酒者的臉上，不僅能醒酒，而且還具有止吐效果，下次若遇到酒醉不醒的朋友，身邊剛好有瓶花露水的話不妨試試看。

墨綠色的小小一瓶，除了鄉土劇上演的逆齡回春效果太誇張之外，不但可以醒腦、祛臭、止癢、消毒，甚至飲用，用途真的包山包海非常廣泛。就像一位美麗的少女如今轉變已銀髮斑白的老奶奶，外在美貌雖然終會消逝，但內涵卻是經驗與智慧的累積。

▲依然保留復古包裝的明星花露水。

漂洋過海移民海外的客家人總統

二〇一六年大選結束後，中華民國除了選出有史以來第一位女總統，也可能同時選出第一位客家裔的總統。雖然前總統李登輝祖先是客家人，前任馬總統也曾說自己有客家淵源，現任總統蔡英文的祖父也是客家人，甚至也有說法說出身自廣東的中華民國國父孫中山可能也是客家人子弟，但是你知道地球上卻有其他國家選出過客家裔的總統，而且並非是傳統上認知的漢人國家例如中華民國、新加坡或中國，而這個答案要跨過半個地球到南美洲來尋找。

中國從明清時期開始，東南沿海各省的居民，由於生計困難以及土客衝突等各種因素，逐漸形成了龐大的海外移民潮，近的可能就移居東南亞各地，遠的甚至會到夏威夷、美國等半個地球遠的地區去了。

之所以會移民去那麼遠的南美洲，其實有很多因素，其中一個原因就是進入十九世紀後新帝國主義的這些國家需要大量的人力幫忙開發殖民地，而這這篇故事的主角鍾亞瑟（Arthur Chung）的祖先也是因為上述的原因從中國移民到了南美洲北部，當時還是英國殖民地的英屬圭亞那。總之，鍾亞瑟在英屬圭亞那成長，成年之後也曾到殖民母國英國深造進修，成為一位律師之後，他便返回英屬圭亞那從事律師相關的工作。

他於一九六〇年代回家鄉時，正好是中南美洲殖民地追求自治逐漸獨立的浪潮，而身為大英國協一份子的英屬圭亞那，也於此時獲得自治並進一步獨立成新興國家之一，並將英屬圭亞那（British Guiana）的名稱更名成蓋亞那（註）／圭亞那（Guyana）。

雖然當時領導獨立運動的是非裔的Forbes Burnham，但因為鍾亞瑟在當地的華人社群聲望極高，獨立後的國會便於一九七〇年選出了鍾亞瑟成為蓋亞那首任總統，但他擔任總統時並無實權，直到一九八〇年卸任之後，蓋亞那才修改憲法讓總統擁有實權。總之，這也使得鍾亞瑟成為第一位漢人居少數的國家領導人；也因為其客家血統，同時也是南美洲第一位客家裔國家元首。到今天，中南美洲也因為前面所提的歷史背景，不少華人也在這些國家的政壇扮演重要的角色，大家也可以試著搜尋看看，說不定能發現自己的表親。

註：蓋亞那為我國翻譯，以方便和法屬圭亞那區分。

位於南美洲北部的圭亞那地區

臺灣早年最美的風景，關於「奉茶」的故事

六七年級生可能還有實際看過「奉茶」，這種在臺灣鄉下地方偶然可瞥見的美好人文風景。藉由在路旁擺放簡單大茶壺和杯子提供免費茶水，表達對遠道而來的人歡迎，也一解旅人的口渴。傳聞中，奉茶不但是服務路過的旅人，提供奉茶者也會得到福報。而為什麼後來會漸漸消失了呢？難道是現代人太冷漠了嗎？且聽筆者娓娓道來。

時間是在嘉慶年間，據傳有一位名叫呂布衣的勘輿師要到幫一戶富有人家探勘風水地，但是當日酷熱無比，再加上山路顛簸難行，這位勘輿師不但體力耗盡，嘴巴更是渴到不行。此時突然在一處轉角，他看到了一個奉茶處。才遠遠地看到，呂布衣就已經激動且感激到不行，心中暗暗決定，一定要好好報答提供奉茶的恩人。

不料好不容易走到奉茶處，倒出水來，茶水上卻浮著一層糟糠。呂布衣心中暗暗罵道：「這是在落井下石嗎？」，覺得放這奉茶的人根本不懷好意，存心整人。此時他的報恩計劃，也轉變成了邪惡的復仇計劃，決定一定要好好「報答」一下這個放置奉茶的人。

不久結束勘輿之後，呂布衣便在村落中問到了放置奉茶的人家，並立刻前往拜訪。他看到這戶人家旁邊的地是塊凶地，便起了歹心，見著了屋主之後，就不懷好意地告訴他說他家旁邊這塊空地真是塊福地，願意免費幫他看方位，將來必有升官發財之福。屋主不疑有他，便欣然接受了，並很快地就地搭起一座茅屋。

數年之後，呂布衣再度經過該地，發現該處已經變成一戶豪華的宅邸，而屋主居然卻還是同一人。他看到呂布衣來訪，急忙請他進來坐，並奉上上好的好茶。原來自從屋主搬到勘輿師所說的空地之後，全家便飛黃騰達，兒女不是做了大官、就是做生意發了大財。「這都要歸功於呂師父您啊！」

呂布衣眉頭一皺，回頭問起當年在奉茶上放置糟糠的用意。屋主聽了之後，慈祥地解釋道：因為該地山路險峻，又前後都沒有水源，經過該地的旅客想必都是氣喘呼呼，此時若看到有茶水，必定猛然灌下，卻會被嗆到而咳嗽不停。因此他便放上了稻穀的殼在水上，這樣飲用奉茶者必定得先吹一吹水上的穀殼方能飲用，如此吹氣緩衝一下，就比較不會被嗆到了。呂布衣聽了之後恍然大悟，卻也慚愧不已。

傳統延續至今，可惜的是在多年之後，因為SARS、腸病毒等傳染疾病流行，許多人開始不敢飲用路上「來路不明」的茶水。再加上千面人下毒等事件，人心不古，奉茶者也深怕被誤解或者被利用，紛紛收起奉茶站，使得臺灣路邊的奉茶越來越少見，只出現在記憶當中了。

臺灣足球迷得來不易的世界盃足球賽轉播史

熱愛運動的讀者們對體育台的實況轉播應該很習以為常了，一定也有上課上班時透過網路偷看賽況的經驗吧。但事實上，臺灣世界盃足球賽的實況轉播得來不易。而且，臺灣人首次接觸到的世足賽「轉播」，其實是一部紀錄片。

史上首屆的世界盃足球賽於一九三〇年舉行，那也是電視機剛被發明後的年代。一九三六年的柏林奧運則是人類史上第一場大型運動競賽的電視轉播，同時促成了電視機的普及化。而世足總會，在一九五八年首次決定將世界盃足球賽進行了電視轉播。不過，電視機要到一九六〇年代才出現在臺灣。在這之前，臺灣人要收到比賽轉播的消息頂多只能藉由收音機的廣播。

到了一九六二年的智利世界盃足球賽於五月底開幕，可惜臺灣電視於該年雙十節才開播，無緣播出。而到了一九六六年的英國世界盃足球賽，臺灣球迷們終於可以從電視新聞播報員口中得知些許世足賽的賽況，當然，並不是實況轉播。不過到了一九六七年，一部紀錄片於在全臺戲院巡迴上映，被又驚又喜的臺灣球迷視為臺灣的第一場世界盃足球賽，這部紀錄片就是由英國國家廣播公司（BBC）所拍攝的《一九六六世界盃（Goal! World Cup 1966）》。

英國主場、BBC拍攝、而當時的冠軍也是英國隊，想當然爾，這部紀錄片是以英國隊為主角所拍攝的。而該片使用了一百台以上的攝影機，捕捉並完整呈現了比賽中許多的經典鏡頭。至少，在那個連彩色電視機還很罕見的黑白年代，能透過彩色大螢幕一睹世界盃風采，也確實讓臺灣球迷振奮不已。透過這部紀錄片，讓臺灣人初步了解了世足賽。

可惜的是，在四年後，也就是一九七〇年的墨西哥世界盃足球賽，臺灣依舊沒有趕上歐美國家用通訊衛星轉播世足賽的風潮。最主要的原因，是當時臺灣對足球運動不如奧運會及赴美比賽的少棒隊受到重視，轉播依然只能透過電視新聞看資料畫面。到了一九七四年的西德世界盃足球賽，是世界首度以彩色轉播的世足賽，也是香港首度以衛星轉播準決賽及決賽的世足賽。在臺灣球迷得知這個消息之後，紛紛投書媒體希望也能看到轉播。最後，才終於由台視派人於轉播當天飛往香港取得錄影帶，帶回臺灣播放。儘管依然有「時差」，但這也是臺灣人的第二場世足賽轉播。

之來，以影劇及體育為主打的民生報創刊，所面臨的第一場國際運動盛事即是一九七八年的阿根廷世界盃足球賽。民生報因此強力報導世足賽的相關消息，進而促使了臺灣球迷再次施壓台視進行電視轉播。終於，台視在該年六月中取得了轉播權，加上臺灣各大報以大篇幅的版面報導世界盃，臺灣球迷終於能零時差的享受實況轉播。

如今拜科技之賜，只要擁有行動裝置，人人都可以成為公民記者進行實況轉播。而這段「實況轉播」的歷史已經距今近四十年，大家在享受便利的同時，別忘了這些也是前人爭取來的啊！

臺灣銀行居然發行過吐瓦魯幣？

常跑郵局的讀者，應該都知道郵局除了郵政跟儲金兩大業務之外，還有販售一些紀念郵票、和紀念幣的相關業務，但不曉得有沒有人還記得，郵局曾貼過一張海報在推銷臺灣銀行委託中央造幣廠承製鑄造，二〇一五年發售的「丙申猴年精鑄生肖銀幣（鍍金版）」呢？若跟筆者一樣有看到的讀者，心中是否有為什麼中華民國要發行吐瓦魯的紀念幣？

這枚紀念幣一枚售價是新臺幣一九八〇元，銀幣背面由臺灣獼猴家族在桃樹上攀枝摘桃。但有看過海報或是收藏的讀者就會發現，正面的人頭竟然是英國女皇伊莉莎白二世（Elizabeth II），而不是蔣介石、孫文等新臺幣上面的領袖呢？細看銀幣上面鐫刻的字樣是：「2 DOLLARS TUVALU 2016」，這竟然是一枚有著吐瓦魯貨幣面額２元的硬幣！怎麼會這樣呢？原來依據《中央銀行法》、《中央銀行發行新臺幣辦法》的相關規定，除非中央銀行特別委託，否則只有中央銀行可以合法發行新臺幣。因此，臺灣銀行若要發行法定貨幣，只有得到別的政府授權一途。順帶一提，中央銀行每年也都會發行一套生肖紀念套幣，面額則是新臺幣的20、50、100圓，和臺灣銀行發行的紀念幣是不同的。

願意販售自己貨幣發行權的國家想必是有什麼特別的需要吧，而吐瓦魯是中華民國的邦交國，地點在南太平洋的一群小島；大家所熟知的事件大概是前幾年開始因為溫室效應加劇、海平面上升，國民必須搬離自己的家園到別的國家。維基百科寫到，吐瓦魯政府因為境內無甚天然資源，收入多來自外國援助以及發行郵票。這幾年來臺灣銀行和吐瓦魯政府簽約，取得其授權，並從二〇〇三年癸未羊年起，每年發行一套生肖紀念幣，我們可以合理推測這或許是一種援助型的外交手腕吧。

吐瓦魯幣（Tuvaluan Dollar, TVD）在二〇一六年年初約兌換23.7圓新臺幣，這枚鍍金銀幣的成本應該高過此許多。另外，吐瓦魯是大英國協的一員，於是硬幣上才會有國家元首伊莉莎白二世的頭像，大家搜尋一下吐瓦魯的國旗也會發現，左上方區塊也是英國的國旗。若有機會拿到這枚吐瓦魯幣的話，請不要忘記在太平洋上閃閃發亮的他們。

與中華民國紀年相同的國家你知道嗎？

各位一定都知道今年不但是西元二〇一六年，同時也是中華民國一〇五年。一九一一年十月十日武昌起義成功，一九一二年一月一日中華民國臨時政府在南京成立，同年二月十二日清朝隨著溥儀退位宣告滅亡，因此一九一二年是為中華民國元年。

小學老師也都有教到，換算民國紀年最簡單的方法就是西元年份減去一九一一，就可以得到民國紀元；但是你知道嗎？同在亞洲地區，就有兩種曆法和中華民國有著相同的紀元年算法，今年也同樣都是一〇五年。

第一個是北韓的「主體曆」，以一九一二年作為元年是因為（北）朝鮮的建國者金日成出生於一九一二年，卒於一九九四年。其實北韓是直到一九九七年才開始實行主體

▲北韓勞動新聞官網的日期截圖。

年號，在這之前採用的是西元年。因此主體曆頒布的一九九七年，不是主體元年，而是主體八六年。

一九九七年金日成的長子金正日在接班成為朝鮮勞動黨的總書記後，為了貫徹「主體思想」（受馬克思主義影響，認為人民群眾是革命和建設的主人，也是推動革命和建設的力量），而將紀年方式由原來的公元制改為主體紀年制度，而月份、日期則是繼續延用西方通用的現行公曆（格里曆）。而筆者整理這篇文稿時正好是一〇五年的三月二十二日，大家也可以看到附圖中的北韓勞動新聞官網上方也寫著「主體一〇五（二〇一六）年三月二十二日星期二」的日期。

另一個是同樣臨近臺灣的日本，一九一二年七月日本大正天皇登基，是為大正元年。雖然隨著一九二六年（即大正十五年）十二月大正天皇駕崩，改為「昭和」，但是若在此紀元計算，則二〇一六年確實與民國紀元同為一〇五年。

其實日本是從大化革新時期開始模仿中國使用年號制度（中國自漢武帝開始有年號，在位期間共使用過11個年號），不過過去日本其實有遭逢天災人禍或人事異動等重大事項而改變年號的習慣，平安時期的崛河天皇在位近二十年間甚至歷經多達8個年號，分別是：應德、寬治、嘉保、永長、承德、康和、長治、嘉承。後來由於明治天皇例行西化政策，登基時宣布「帝位紀年法」，規定一位天皇固定使用一個年號，又稱為「一世一元」，並且於明治五年的十二月三日（一八七三年一月一日）跟隨西方使用陽曆，成為明治六年一月一日。

所以當今日本的明仁天皇於一九八九年登基，年號為平成，二〇一六年換算成日本年號的話就是平成二十八年。但其實日本除了商業、外交使用西方通用的公元紀年，一般民間使用、錢幣印刷、公文往來其實仍使用天皇的年號居多。

冷地理

市民大道的前世今生．沒有雲林的雲林縣．台灣重要公路起點．時光停滯的社子島．躲在木柵的討厭鬼．看不到飛機的南機場夜市．澎湖的另一個名字……

這些故事，沒說你知道嗎？

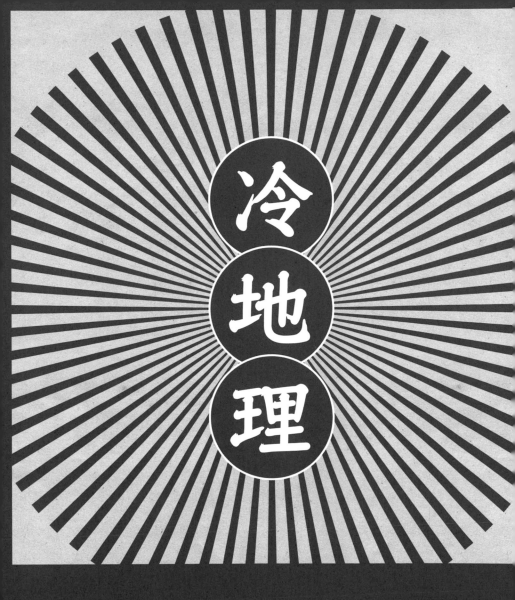

二元

首出國不用護照，靠這張紙就夠了

二〇一五年年底有篇報導中華民國護照的新聞提到國人的護照免簽證國的數量高達一五八國，在全球排行前段班，在黑市則有每本十萬美金的售價，臺灣護照在全球旅遊的方便度可想而知。

而關於中華民國的護照這項證件，這幾年也引起不少風波。一則是副總統的孫子因為護照過期而在機場補辦，之後也成了施行全國的便民「德政」。另一則則是最近很多出國民眾會在「中華民國」護照封面貼上「臺灣國」護照貼紙，表達自己的國家認同，蔚為流行。不過，中華民國外交部為了阻擋這個流行，卻以修訂《護照條例施行細則》來應對，引發不少爭議。說到護照，你知道中華民國的總統、副總統過去曾經拿著和一般國民不一樣的旅行證件出訪外國的嗎？

以往為了禮遇元首起見，總統、副總統及其配偶出國時所持的證明文件皆是「元首通行狀」（Laissez-passer）。這份名稱聽起來霸氣外露的公文，製作得也很精美，白紙黑字的通行狀左處會由藍白紅緞帶繫上再由火漆封緘，並蓋有外交部戳章，文件上有本國外交部長的親筆簽名，內容則是懇請世界各國在本國元首入境貴國時給予免簽證等貴賓禮遇。只要讓海關在總統、副總統及其配偶的照片下方蓋章即可通關使用了。不過這份元首通行狀是有有效期限的，一份通行狀只能在出國期間使用一次，下次還要出國的話就要外交部長再簽名一次。

過去中華民國外交部就曾在「外交為民服務成果展」巡迴展覽展出包含李登輝、陳水扁、與馬英九等中華民國歷任總統曾使用過的元首通行狀；當時通行狀提及目前的國家時，是以Republic of China（Taiwan）呈現。不過，世界上已經越來越少國家使用元首通行狀，因此為順應潮流，在二〇一五年時修正《護照條例》，此後元首通行狀就走入歷史，而總統、副總統和其眷屬就和其它政府高官和外交人員一樣，拿的是有別於普通護照的深藍色「外交護照」出訪了。另外除了普通護照、外交護照之外還有一種深褐色的「公務護照」。另外提醒大家，因為現在機場補辦護照的業務量吃重，也正在研擬修法要調高手續費了，所以出國前請確認護照期限，方便自己也體諒承辦人員的辛勞。

臺北市市民大道的前世與今生

臺北市的市民大道，是許多人通勤上下班的必經道路，這條銜接臺北市西側鄭州路一直延伸到南港研究院路的「市民大道」總共有八段之多。然而這條坐落在臺北城北方的道路，目前還在唸書的小朋友可能早已習慣它的存在，但對跟筆者年紀相仿的七八年級生而言，他們小時候可是沒有這條市民大道的，所以市民大道和臺北市內的其他路相比，可說是非常年輕的一條道路。

那麼，市民大道又是怎麼來的呢？有別於凱達格蘭大道，當時是為了紀念曾居住在臺北盆地的凱達格蘭族而由介壽路更名的，難道市民大道也是從過去某條路更名的嗎？關於這點可以說對、也可以說不對，這箇中奧秘且先讓我們攤開臺北市地圖仔細看看。全長11.1km的市民大道從一段到八段，由西到東沿路經過了三座臺鐵車站，分別是臺北火車站、松山火車站與南港火車站。怎會如此？莫非這是種美麗的巧合？

其實市民大道這條路，正好見證了臺灣的鐵路發展史。雖然今天市民大道無論作為平面道路或是高架道路都是條車水馬龍的道路，但是七段與八段幾乎杳無人煙、車流量並不大，甚至道路兩側也沒有幾間店家，到底是為什麼？其實，這是因為六段到八段是在二〇一一年末才出現的道路，之所以市民大道會多出這三段，便是臺灣鐵路公司的臺北鐵路地下化專案完成後，拆去鐵軌地面上新多出來的空間所鋪設的道路。

所以聰明的你可能已經猜到，其實整條市民大道的路面，在二三十年前原是臺鐵軌道在臺北市內鋪設的部分，而這個鐵路地下化的專案是從民國七十二年起，為了解決日漸增加車流量所導致的交通壅塞問題而開始；也就是說在二三十年前的市民大道的現址，原來有著許多的平交道，也可以看得到火車經過，在火車從地面鑽進地底下後，也才有多餘的空間鋪設平面道路與建造高架道路，新興建的這條道路便被命名為「市民大道」，高架部分正式的名稱則是「臺北市東西向快速道路」。

讀到這裡，可能敏銳一點朋友又有一個問題，那就是市民大道高架尾端底下的鄭州路怎麼沒有隨之一起改名呢？這是因為在市民大道建設完成後，鄭州路若要改名，就必須重新適應新的道路名稱與門牌號碼，但當地的居民卻並不願意，因此就保留鄭州路的名稱到今天，也就是為什麼市民大道高架與平面道路會有這一段名稱不同的路段。

最後順帶一提，這條市民大道高架，也是繼中山高速公路後臺灣第二條東西向的高架道路，這沒說我想你一定也不知道吧！

▲車水馬龍的市民大道一景。

全臺私有地比例最低的鄉鎮

你一定不知道

攤開臺灣地圖，若要問臺灣面積對大的縣市，可以找到是花蓮縣；再問你擁有臺灣最長海岸線的縣市大概看一下也能回答出是臺東縣。但如果我問你全臺私有地比例最低的鄉鎮是哪裡，不但地圖看不出來，你也絕對猜不到。因為答案不在臺灣本島上，而是蘭嶼。說比例最低到底是多低呢？根據內政部民國一〇二年統計資料，蘭嶼鄉在全臺灣五十五個原鄉中已登記的私有土地比率僅有0.7%，也就是說其國有地的面積比率高達99.3%。

為什麼會有這樣的情況呢？這要追溯到日治時期的政策。殖民政府在西元一八九五年接管臺灣以後，隨即遣人至蘭嶼進行調查，認定無開發價值，是故將蘭嶼劃定為「準要存置林野地」，採刻意隔離保護的舉措禁止外人隨意進入開發，以供人類學者研究之用。這也使得蘭嶼不若當時臺灣本島的其他原住民族地區，為統治方便而有詳盡的地籍調查資料。由於在日本殖民政府的分類中，蘭嶼屬於蕃地的一部分，在國民政府接收臺灣以後也就直接與其他蕃地同樣被劃為山地鄉。而那些從未被日本政府清查的土地皆直接依民國三十七年《臺灣省各縣山地保留地管理辦法》訂做是山地保留地，也就是現在我們所說的原住民保留地。

但對於蘭嶼的達悟族人來說，他們對土地有一套自己傳統的界定方式，分為私有、家族共有與部落共有等多種形式。這些機制與政府登錄土地權的分類方式與權利性質大相逕庭，所以幾十年來都一直是互不相容的存在。

由此可知，當政府或是外來單位想要進到蘭嶼開發的時候，就會容易在土地權的問題上發生爭議。以「閒置荒地」概念的差異為例，在達悟族的觀念裡若土地為無主地，只要部落內無人有異議，則會讓勞動使用者得以有權運用之；然而在政府的法令下，就算有人使用無主地，只要他並未擁有土地所有權，就一定會被認定為無主地。常會聽見人說數字會說話。看看蘭嶼私有地與公有地的面積比例，我們可以見到歷史因素與文化差異所反映出的現象。下次和別人說到蘭嶼的時候，你也可以驕傲的說出這些更了解當地的歷史典故了。

松山非山、板橋非橋，臺灣日式地名你知多少？

讀者朋友或許曉得，因為經歷日治的關係，在臺灣有不少地方還保留非常日式的地名，如瑞穗、關西、岡山、美濃、神岡、鳥松、高樹……等。如果不是與日本知名的地名同名，不然就是聽起來有那麼一點「日本味」，不太像是中文會有的詞語；不過你知道嗎？還有非常多我們所耳熟能詳的都會地區，其實也是日式地名喔！

在這裡我們要先為所謂的「日式地名」下一個定義：這些地方的本來曾經有與現在不同的舊名，但是在日治時期才改為現在所看到的名字，而且通常會在日本也能找到同名的地名。

例如在十幾年前曾受淹水之苦的新北市汐止，舊稱為水返腳，為基隆河受海水潮汐影響，漲潮至此之意；在日治時期改名為「汐止」，但卻保有原來的意思。在日本東京灣附近的「汐留」（しおどめ）[Shiodome]讀音與汐止的日文讀音相同，且意思也有異曲同工之妙。而同在新北的板橋想必應該有很多讀者跟筆者我以前一樣，誤以為板橋得名於文人鄭板橋之名，實際上則是由其舊名「枋橋」被日本人改為日本東京都也有的板橋（いたばし）[Itabashi]。

舊稱「錫口」的臺北市松山並不是一座山，照理也不會有松樹，而為何日本人當時將當地命名為松山並不可考。有趣的是，在日本的愛媛縣松山（まつやま）[Matsuyama]市也有一座松山機場，其規模也與臺北的松山機場差不多，而且兩座同名的松山機場也曾於民國一〇二年時有過包機直飛，形成「松山飛往松山」的有趣景象。

最後我們快轉跳到位於南臺灣的高雄，相信大家應該都知道高雄舊名「打狗」，而日本人就取其諧音取名為（たかお）[Takao]，漢字寫作高雄，與日本京都郊區的觀光勝地高雄山同名。事實上，在一九四五年以前臺灣的高雄市，都是以Takao作為高雄的標準英譯名稱；在這之後，才統一改用Kaohsiung的羅馬拼音譯名。有趣的是，不但臺灣的海軍跟海巡署都各有一艘「高雄艦」，日本在太平洋戰爭時期也曾經有過同名的高雄號。

南機場夜市的機場跟飛機到底藏在哪裡？

對許多臺灣人來說，如果要向來臺灣旅遊的外國朋友介紹臺灣特色，第一個會立刻被提到也許是美味的夜市小吃。在臺灣眾多夜市之中，你最先推薦的是哪個夜市呢？是以超大雞排聞名的士林夜市？高雄的六合夜市？還是台南的花園夜市，或其他各地的特色夜市呢？大啖美食之餘，嘴裡塞滿食物的你，是否曾經想過為什麼明明看不見任何飛機的萬華南機場夜市會有這個名字呢？環顧夜市四周也只有「南機場」公寓和青年公園呀？到底是怎麼一回事，為什麼會這樣命名？

這塊地區，最初是一九〇九年（明治四十二年）時由日本殖民政府將此地建為陸軍專用的「練兵場」，也因為當時的陸軍需要學習馬術這塊區域而得名「馬場町」，但不久之後由於臺北暫無機場可用，便利用當時寬闊平坦的營區作為暫時飛機的起降地。

▲現在的「南機場」已經看不見飛機了。

不過，隨著臺灣航空業的發展，這塊占地不大的軍用機場無法讓客機使用，最終於一九三〇年（昭和五年）興建了軍客兩用的松山機場又稱臺北北飛行場。二戰爆發後，鄰近的地區也被徵收擴大開闢機場用地，為了和前者做出區別練兵場便改稱「臺北南飛行場」。

隨著民國三十八年國民政府遷臺後，國防部下的空軍原本要繼續使用這個機場作為訓練之用，但陸軍卻早已在上面蓋滿軍舍甚至也設立農田，經過公文屢次來回下，這塊地最終歸給空軍進行管理，但最終卻在民國四十三年成了供軍官遊憩的高爾夫球場。一直到民國五十二年才分別興建了「青年公園」與「南機場國民住宅」供原有的軍眷購買居住；公寓初落成之時，因其嶄新的現代主義風格，甚至還設有不必下樓的「垃圾投放口」成了老臺北市民眼中的高級住宅區。

到了今天，除了熱鬧的夜市外，當初訓練馬術的「馬場」、軍機起降的「飛行場」甚至「高爾夫球場」都已不復見，只留下「南機場」這個地名。也許下次你到了南機場夜市吃小吃時，說不定會默默聽到飛機起降的引擎聲呢。

既然縣裡沒有雲林，為什麼要叫雲林縣？

雖然大家都已經接受了鳳梨酥裡面沒有鳳梨，老婆餅裡面也沒有老婆的殘酷事實，但是應該很多人沒想到就連臺灣南部的雲林縣，也名實不符的並沒有雲林市甚至沒有雲林鄉甚至雲林村，只在縣治斗六市中心有條小小的雲林路證明這裡真的是雲林無誤。到底是怎麼一回事？

故事這樣的，雲林這塊地區於臺灣建省前，原本是由彰化縣和嘉義縣分別治理，但是清法戰爭結束後清朝政府不得不開始重視臺灣的戰略位置，第一任臺灣巡撫劉銘傳便希望能在雲林地區多設立一個縣以便於往後的治理。一八八六年（光緒十二年）雲林正式設縣後，縣城就設在八通關古道的起點林圯埔（今南投縣竹山鎮）雲林坪，會將縣城蓋於此，主因是此處是前山通往後山的重要道路，為了「開山撫番」設於此處也能加強對原住民的統治。至於雲林此名由來則是因為這裡本來是一片時常雲霧密布的森林而得名。

但後來因為這地方位於濁水溪和清水溪的交界處，常常受到洪災氾濫之影響，繼任巡撫的邵友濂在一八九三年（光緒十九年）將縣城遷到今天的斗六市了。失去縣城地位的雲林，更於日治初期一九〇九年（明治四十二年）由斗六廳林圯埔支廳改隸南投廳，戰後民國三十九年依舊被劃入南投縣，當時竹山居民還曾經向中央陳情抗議希望能被劃入雲林縣內，留下這樣的陳情紀錄：

「省參議會因南投方面罔顧竹山區民之痛苦，輕視竹山區之民生問題及百年大計，強姦民意，歪曲事實，硬將與南投痛癢毫無相關之竹山劃歸南投縣，本區區民聞知，莫不驚愕異常，深感失望。」（一九五〇年七月）

顯然當時中央並沒有理會民意的申訴，也導致雲林縣裡還是沒有雲林，雖然民國九十九年雲林縣曾經推動過正名「臺西縣」的連署但結局並沒有成功。

至於雲林縣內另一個重要聚落北港，除了祭祀媽祖的知名寺廟奉天宮外，還有連接雲林與嘉義二縣的北港大橋，但是打開地圖卻遍尋不著明明應該在南邊的「南港」，反而遙遠的臺北市卻有個南港？

其實這是因為，舊稱笨港的這塊地區，因為鄰近的笨港溪（今北港溪）氾濫，將笨港地區一分為二，成了北笨港與南笨港。因為北笨港住的大多是泉州人，南笨港則是漳州人聚落，當年的「漳泉械鬥」，也就是漳泉雙方自清末移民到臺灣後便因為地盤與文化以及語言不盡相同，常常發生武鬥事件，被笨港溪隔開後更是井水不犯河水，互相並不往來。但笨南港地區之後苦於笨港溪屢次氾濫的洪災，只得往東南邊遷移逐漸形成了「笨新南港」聚落，但四個字實在過於拗口，最後就縮稱成了今天嘉義縣的「新港鄉」，更有趣的是在一九二〇年（大正九年），當時因為臺灣島內過多「新港」的地名，政府便將新港改為「新巷」直到戰後才改回原名，當地的知名甜點「新港飴」也曾被叫做「新巷飴」。

至於相對臺北南港的北港在哪呢？雖然並不是有名的地區，但往基隆河上游一找，便可以發現新北市汐止區的「北港國小」，足以證明當時基隆河的航運功能是能夠從下游的淡水口一路往東直達南岸的臺北「南港」與北岸的汐止「北港」。

除了福爾摩沙之外，葡萄牙人還幫澎湖取了另一個名稱

臺灣英文名稱除了音譯Taiwan外，還有另一個美麗的別名「福爾摩沙」Formosa——美麗之島，相信這是絕大多數臺灣人都知道的吧，而與臺灣有一海之隔的澎湖群島除了Penghu這個直接音譯的英文名稱，另一個英文名稱你可能就不知道了。根據史料上的記載，澎湖最早的古名有「島夷」、「方壺」、「西瀛」、「亶州」、「平湖」這些稱呼，到了宋代才被開始有「彭湖」或「平湖嶼」這兩個與澎湖比較接近的稱呼。直到元朝才開始設立澎湖寨巡檢司。

就像「Formosa」是十六世紀大航海時期當初經過臺灣海峽的葡萄牙水手從海上遠望忍不住脫口而出「Ilha Formosa」一樣，葡萄牙人也幫位於左岸的澎湖取了「Pescadores」這個名字，譯成英文是Fisherman也就是漁夫的意思。之所以會使用這

個詞，是因為這段時間統治中國的明朝政府雖然斷斷續續實施海禁政策，但東南沿岸各省的漁民為了追尋更好的生活，仍有許多人不顧危險跨海到漁產豐富的澎湖群島捕魚甚至定居於此，途經此地的葡萄牙人看到此處豐富的漁產及住在島上的許多漁民們，也就順理成章的把澎湖稱作漁翁島了。

此後，就像Formosa比起Taiwan於西方世界更被廣泛的使用一樣，Pescadores與Penghu相比之下使用頻率也高上許多。特別是清朝末年在一八八三年至一八八五年間，法國為了奪取對越南的控制權而向清朝發動的戰爭。這場清法戰爭除了主戰場越南外，法國也曾派遣艦隊砲轟臺灣與澎湖，希望能奪取盛產煤礦的臺灣北部作為補給軍艦動力的來源，同時也作為和清朝政府談判的籌碼。當時在臺灣北部和澎湖發生的衝突，閩南語中又稱作「西仔反」（法蘭西人的策反／叛亂動亂）。而在澎湖所發生的衝突，在法文中就稱作「Campagne des Pescadores」（漁翁島戰役），從這裡就可以看出Pescadores在當時是比Penghu還要更被普遍使用於西方世界的稱呼。

今天，如果大家到澎湖旅遊，也可以在馬公市區看到一間名為百世多麗的飯店，這名字其實正是Pescadores的音譯；而且澎湖群島中的西嶼島上也有一座名為漁翁島的燈塔。甚至在googlemap搜尋欄位中輸入這個名稱也會直接導向澎湖島。連google都知道，所以身為臺灣人的我們當然更要知道，你說是吧。

回首時光停滯的社子島

提到社子島你會想到什麼？延平北路七段之後逐漸荒涼的景色？每逢颱風大雨常淹水的地區？這裡還有可以騎環社子一圈再回台北市區的自行車道。在二〇一六年年初，台北市政府也舉辦了i-Voting想了解大家對社子島未來發展的想法，但在放眼未來之前，你認識社子島的過去嗎？本篇就帶你簡單認識一下。

社子地區其實隸屬於台北市士林區，由於位於基隆河淡水河交會處，因兩河交會流速減緩而形成的一個沙洲，現在從地圖上看起來，就好像是一個鴨子頭半島。然而由於其地形與特殊位置的關係，社子島屬於易淹水的洪泛區，每逢大雨便容易汪洋一片，因而在民國五十九年起，都市計畫相關法規上長期限建禁建，屬於禁止開發的滯洪區，而使此地發展受到一定的限制。

而社子這地名是來自早期主要聚落名稱「社仔」[sī-á]，過去是凱達格蘭族麻少翁社原住民的聚落，因於一六九七年（康熙三十六年）大地震土地陷落，整個區域陷入水中，麻少翁社人不得不躲避水淹而遷居至天母一帶較高的地帶居住，但是等到社子島的土地浮現以後，又開始回來漁獵，這中間有可能因地緣關係，穿插了南邊的大浪泵社的族人進入，而在漢人入侵後遂將這個區域稱為社仔，社仔又改為社子。

至於社子島到底為什麼會有個島字呢？原來是因為此地區最初是一個沙洲島，原本被基隆河之分流「番子溝」（另一種說法是大浪泵溝）與現今大同區相隔而為獨立島嶼，故稱為「社子島」並延用至今。只是現在早已與台北市連通，而不再是島嶼了。

社子地區在早期浮出水面不久，由於環境尚未穩定，時有洪災，而且一開始是由泉州同安人拓墾，與士林街上的漳州人是不同的族群，不管在過去方志或是紀錄上皆是零散而較無系統的，也因此一直被歸類為邊陲地區。在現今寸土寸金的台北市，社子地區因法規的考量與地理環境（易發生洪患）而一直無法成為重要的開發區。

其實社子過去曾經歷多次開發案的規劃提議，無論是陳水扁就任臺北市長時期的「第三副都心」，馬英九市長時期的「社子島輕軌路線規劃案」，還是郝龍斌市長時期的

「臺北曼哈頓計劃」，只可惜在預算與多方考量之下最後還是都難以實行。

不過社子島的都市發展計劃在延宕多年後，二〇一五年終於在市長柯文哲的的帶領之下有望發展成「臺北威尼斯」，未來將根據i-Voting（網路投票），選出以「生態社子島」為發展大方向，不僅規劃溼地公園、生態走廊等生態物種的復育基地，也會發展生態智慧社區，建設輕軌交通系統，希望能夠為社子呈現都市新形態。不過根據二〇一四年統計，社子島上土地所有權人將近七千人，若依照現行法規以區段徵收方式獲得土地所有權後，市府方可進行開發，那麼估計光是土地逐戶丈量，以及審查、協議等相關作業，可能就必須耗時2到3年，拆遷規模不容小覷。所以究竟社子島未來的發展會如何，就讓我們翹首以待吧！

社子島的地理區域圖

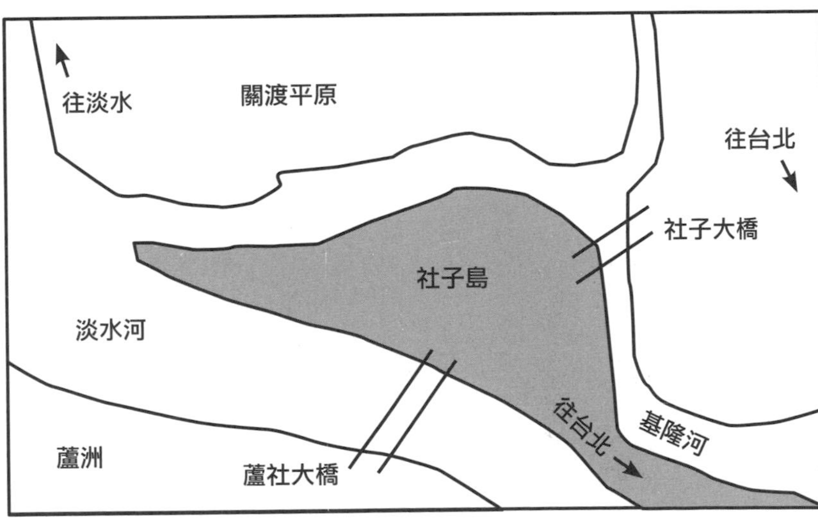

▲即便現在沙洲已和臺北相連，依然沿用社子「島」的舊稱。

野柳沒有柳樹，卻曾有過個恐怖名字

提到北海岸的著名景點，可能大部分的人都會立即想到因終年海浪拍打、強風吹襲所造成的風化地形蕈狀岩景觀，特別是在新北市萬里區十分具有特色又美麗的野柳女王頭。不只許多吸引許多中國遊客造訪，也有不少國外旅人前來欣賞這大自然巧奪天工的創作。但你可曾想過地處海邊的「野柳」岬角怎麼可能會種植柳樹，也不可能是指「野生的柳丁」吧，那到底是誰取了這麼不貼切名稱？

如果想知道這個地名的由來，就得拉回到十七世紀，荷蘭、西班牙、葡萄牙、英國等國家，在東亞競爭地盤的那個大航海時代了。在菲律賓呂宋島發展的西班牙人，原本無意往北進入台灣，但得知日本豐臣秀吉打算以台灣為中繼站進攻呂宋島後，為了消除日後的疑慮，西班牙人在一六二六年時便佔領了北臺灣。

▲橋下就是老一輩口中的「死囡仔窟」。

當時西班牙人雖以基隆與淡水兩地為發展重心，不過陸路交通不如海路來得方便，他們大多選擇以船隻運送往來基隆與淡水兩地，但是每次經過野柳這個岬角時，由於沿岸礁石頗多，船很容易觸礁擱淺發生船難，西班牙人便將此處命名為「Punto（Punta）Diablo」；Punto或Punta有「角」的意思，Diablo則是惡魔之意，也就是惡魔角；而荷蘭人留下的地圖也可看到Duijvel Hoek（惡魔角）的名稱，所以也不難想像這岬角到底有多危險了。雖然西班牙人在一六四二年離開了臺灣，但倒是留下了Diablo的名稱，但變成閩南語發音後，D跟B因為子音脫落的關係才變成「野柳」（ia liu）的音。

在野柳，有個在地人都知道聽來可怕的地名「死囡仔窟」也就是照片中的這座橋。在這座橋尚未興建完成前，如果要跨過去的話，其實是非常危險的，也很容易發生意外，便因此得名。不過根據在地人的情報，以前外國觀光客常會把錢在這裡從高處往下丟，再由本地人跳下去潛水把錢找回來順便當作一種觀光收入。到了今大，雖然連接兩岸的橋早已落成，新北市政府也明文禁止跳水這種頗具危險性的行為，但當地小孩偶而還是會跑去跳水玩樂。

躲

在臺北木柵的打卡地標「討厭鬼」到底是哪裡？

出遊拍照打卡上傳分享，已經是有智慧型手機的現代人，每到一個景點或地標的反射動作了。而在台北市木柵動物園附近打卡的時候，會發現有一個打卡地點叫做Touyenkuei。為什麼木柵會有這樣奇特的地名呢？背後的原因有些許離奇，就請看下去吧。

故事要回溯到台灣割讓給日本之前，因為這個地點在景美溪畔，所以被漢人稱為「前面溪」，在閩南語的發音是[Thâu-tsîng khue]。在清領時期時，其實有些地名並無統一的用字，一八四一（道光二十一年）時，此處是淡水廳拳山堡下的「頭前溪莊」，而到了在一八七一（同治十年）的《淡水廳志》裡則是記載此處隸屬於淡水廳拳山堡下的「頭重溪莊」。也是因為以往並沒有統一的用字，到了日治時期時，日本人初進入臺灣的一八九五年（明治二十八年），此處行政區劃就已是台北縣文山堡底下的頭廷魁莊，重改為同音的廷，溪則改成同音的魁。大家如果有興趣，也可以搜尋一九〇四年（明治三十七年）的《臺灣堡圖》，也可以看到圖中有「頭廷魁」的地名，念法為（トウチンコイ）羅馬拼音為Touchinkoi。原來的「頭前溪」自此改為跟原意相差極遠的「頭廷魁」。

到二戰結束後，頭廷魁這名稱並沒有被改回最早的頭前溪，也就沿用至今，不過這個地方今天打卡的地名是Touyenkuei，跟頭廷魁還是有一段差距啊！我們猜想可能是在圖資業者將中文翻譯為英文時，把「廷」看成了「延」，所以這個地點又再變成「頭延魁」[Thâu-iân-khue]，也就是今天英文翻譯的Tou-yen-kuei，所以才不是什麼討厭鬼呢！頭廷魁在清朝的時候是連接木柵地區跟深坑地區的水路要道，但是隨著景美溪的淤積，水路的重要性也漸漸減低。到了民國六十二年，台北市政府開始規劃將在圓山的台北市動物園遷至木柵，開始徵收頭廷魁的土地、拆除古厝、整理道路……等。

原本是希望可以帶動附近商圈的繁榮，但是除了假日造訪動物園跟貓空纜車的遊客之外，並沒有顯著的帶動地方經濟。而Touyenkuei，雖然幾經改名，也就繼續扮演著它一直以來的角色，連接木柵跟深坑的交通樞紐。並透過科技的普及化，大家可以回頭審視歷史的腳步，重新被大家認識，讀者朋友也跟筆者一樣覺得很有趣，對吧？

臺北市公車號次那麼多，為你解答車號編碼的秘密

若是長期在臺北市就學、工作與居住的讀者們，應該都有常常搭乘公車通勤的經驗吧？相較於其他縣市而言，臺北市的公車不論是路網密度、發車頻率以及轉乘優惠都遠勝於其他縣市，但是對一個初到臺北的外地人來說，這樣的密度伴隨著使人毫無頭緒看花了眼的眾多公車路線編號，那麼這些編號到底是怎麼來的呢？到底有沒有規則可依循呢？

目前臺北市的公車路線，最早可以追溯至臺北市役所於一九三〇年（昭和五年）收購民營的「臺北市自動車株式會社」後設立臺北自動車課管理開始到二戰結束（一九四五年）前，大致上有13、14條路線，當時的路線編號基本上來說是按照設置順序來安排的。

戰後隨著國民政府來臺，臺北市公共汽車管理處也承接原有業務繼續營運並在民國五十八年開放民營公車業者（欣欣、大南、光華、大有）等四間加入營運載客，不過因為各業者的公車票價、票種、與編號各有不同且無法互通，路線也互有重疊，這些都造成當時乘客不便。為了改善這些問題，市政府最終在民國六十五年成立臺北市公民營公車聯營委員會，整合臺北市內各公車與客運業者，並在隔年正式改為「臺北市聯營公車」。

總之，公車聯營後路線編號原本是從臺北車站周遭開始編起，所以有了0東、0西、0南和0北。至於個位數和兩位數的公車編號有些繼續使用原有的公車編碼，三位數的部分1開頭是假日休閒公車，而2開頭與3開頭分別代表兩段票與三段票的收費模式，而在那個冷氣並非公車標準配備的年代，5、6、7開頭的公車雖然就也是一到三段票的不同，但也因為「冷氣車」的「高級感」對於當時通勤的學生來說，可是非常奢侈的享受呢。8則是新北市市區公車、最後的9則多半是行經高速公路與快速道路的快速公車。

讀到這裡，可能會想問，那今天0北跟0西去了哪裡呢？以及現在為什麼有那麼多不連號的公車路線？這是因為後來隨著臺北捷運的興建，為了使乘客習慣以後的路線、以及方便通車後轉乘捷運之故，有些經過捷運的公車路線便改為以顏色為字首，像是510改為綠11；至於0北跟0西則因為載客率不佳遭裁撤。至於留下來的空號為何不補齊，這是因為如果新的公車路線卻使用舊有的路線編碼很可能會造成乘客的混淆。

奇怪？為什麼3位數的編號沒有4開頭的公車路線呢？這當然是因為諧音不雅的關係，所以才從來都沒有以4開頭的公車。

▲目前也只有2位數的車牌有4開頭的編號。

臺北捷運不迷航，出口原來是這樣編號

隨著臺北捷運路網建構完成，乘客得以用更有效率的方式前往臺北地區各地，但是也因為路網變得更複雜，外地旅客往往需要查看地圖，甚至藉由 app 的輔助，才能知道怎樣的轉乘，才是最輕鬆或者最快抵達目的地的方式。而到了目的地之後，下一個挑戰，就是要研究自己的目的地在幾號出口附近，不但要知道出口之後要往哪邊走，甚至一下車之後要往左走還是往右走，更是一大難題。這篇就將臺北捷運有一套行之有年的捷運出口命名規則分享給大家知道，或許能給追求移動效率最大化的朋友參考。

雖然臺北第一條通車的路線木柵線（今文湖線）還有初期的淡水線大多的車站都只有一個出口，但是後續路線新建的車站，通常至少有四個出口，固定的編號方式，是由西北角起，依照逆時針的方向幫出口編號。

不過凡是有慣例依循的事物，就很討厭地常會有例外產生，臺北捷運的出口編號也是如此。例如新店線等南北方向路線上的車站，是由西南角開始編號；同為南北向的淡水線雖然線上的車站大多只有一個出口，但是複數出口的車站確實也依照此規則，由西南角開始編號。而中正紀念堂站又是不同於兩者的特例，因為其南北端並無相連，也就是說需要穿過收費區才能通行兩側，因此將兩個穿堂層的出口群組各自依照逆時針編號。

除此之外，還有些車站在後期因為有新的路線穿越，所以再新增出口後，原本的出口編號不變，新的出口則依照規則重編，例如東西向板南線先通車，後來才加上南北向新蘆線的忠孝新生站。不過又例如大安站，原本在文湖線時只有一個出口，加上象山線通過後新增許多出口。原本的唯一出口並沒有被訂為1號，而是將「出口」改為依照上述規則編號的「X號出口」，例如大安站原先唯一的出口現為4號出口。

最後，有些捷運車站還有A出口，作為標示連通道用，例如南港車站的1A和2A出口可以在地下連到南港共構的臺鐵和高鐵站；板橋站的3A出口則可以連到共構的臺鐵板橋車站。但是同樣又有例外。捷運南港展覽站的2A出口，是依附在2號出口旁邊的小出口，但2號出口是屬於文湖線的站體，2A出口則是給附近公車站牌下車的乘客快速從

東門捷運站的出口位置圖

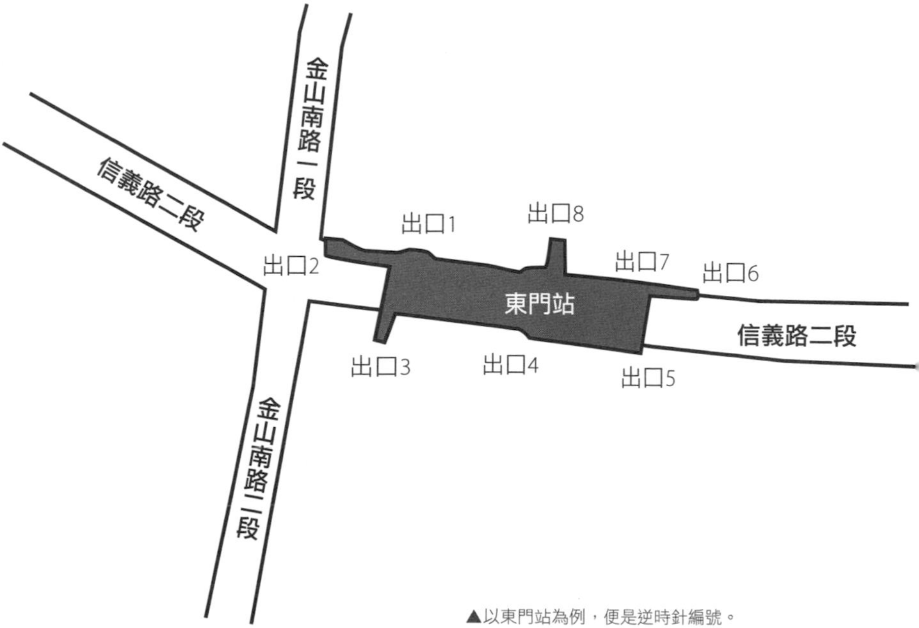

▲以東門站為例，便是逆時針編號。

文湖線站體前往地下的南港線月台。

臺北捷運目前的編號方式雖然在規則有例外，但大部份的乘客應該根本不曾發現有這樣的規則，因此這些例外其實也不至於造成困擾。不過還是有些人有不同的聲音：有人認為不應該使用抽象的數字編號，而要使用具體的方位（西北、西南、南、北等），但是又有人認為東西南北對他來說根本沒意義，更何況是在地底下；反而應該要以路名或者出口外的地標為主。無論如何每個人地理觀念、方向感大為不同，或許保持不變才是最好的策略吧？

臺灣五條重要公路的起點全擠在一個小小十字路口上

有過騎機車、腳踏車或開車環島過的讀者朋友應該都知道，省道台1線和台9線是臺灣最長的兩條公路，而且因為這兩條公路頭尾相接，依照這兩條幹道行進即可環島一周，因此又被合稱為環島公路。

不過真要說起環島公路，其實台1線加上台9線還只是最簡單的環法，而且因為比較「內圈」，所以又稱小環島；若北部地區改走台2線，西部地區走台17線，臺東地區改走台11線，這樣的走法路程又比台1線與台9線增加許多，可以說是不折不扣的大環島。

那麼，台1線和台9線的起點又是在哪呢？這題對許多人來說應該不難：它們的起點都在臺北車站。可是若要更進一步地探究，是在臺北車站的哪邊呢？就由筆者來替大家解答：正確答案是在臺北車站的東南方，忠孝東西路以及中山南北路的交界口；嚴格來說，是以行政院為起點。

以這個十字路口為基準，往北連接中山北路，即台1甲線。這條台1甲實際上就是台1線在臺北連接桃園區間的舊線。往南是台9線的起點中山南路，之後就會接上羅斯福路，然後在新店接上以九彎十八拐知名的北宜公路。往西走，是忠孝西路，現行台1線的起點；同時也與「內山公路」台3線共線直到西門町附近的中華路為止。往東走，則是起於忠孝東路終於基隆車站的台5線。

小小一個十字路口，卻同時是臺灣五條重要公路的起點，自然具有非凡的意義，但卻一直到二〇一二年，政府才分別在這個起點的東南角（監察院前）和東北角（行政院前），分別裝上了地雕以及路牌，告訴世人這個車水馬龍的路口的神秘身份。

各位讀者下次經過行政院或者臺北車站附近的時候，不妨也順道一訪這兩個標示；雖然不能像玩大富翁經過起點的時候一樣可以下去領兩千元，但可以跟週遭的友人炫燿這則冷知識，讓他們對你刮目相看的感覺應該是還不錯的吧。

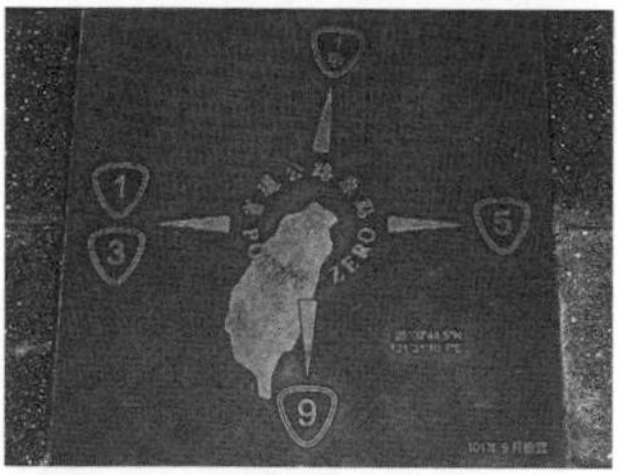

▲位於監察院前的公路原點標示。

臺灣第一條鐵路差點就要用廢料建造

如果問起臺灣人知不知道臺灣第一條鐵路是由誰所興建的，大部分的人都能很快回答出臺灣巡撫「劉銘傳」這個答案，相信也知道這條鐵路的路線只從基隆到新竹並無縱貫整個臺灣西部。但是我猜各位一定不知道，在興建臺灣首條鐵路前，原本是要使用拆解自中國第一條吳淞鐵路的材料來建造，但為何好好的一條鐵路要拆掉呢？

這條吳淞鐵路之所以會興建，是因為當初在上海的英美商人出於運輸貨物需求，不斷要求清朝政府興建從上海租界道港邊的鐵路被拒絕後，決定一起合資成立吳淞道路公司，並「先斬後奏」以一般道路的名義蓋了一條長達15公里的鐵路，並於一八七六年（光緒二年）通車。一開始發現受騙上當的清朝政府原本要求該公司暫停建造鐵路的計畫，但眼見生米已煮成熟飯也莫可奈何。不過在當時排外情緒強的中國，住在附近的居民不只覺得這條鐵路影響日常的捕魚、種田，更是破壞祖墳風水的大怪獸。同年發生的火車撞死人事故正好給了政府與民眾要求拆除鐵路的理由，不過英美商人也不是省油的燈，他們要求清朝政府必須將鐵路買回以賠償他們的損失，付清款項後這條鐵路就在隔年被拆除。

在吳淞鐵路被拆除後，當時的福建巡撫丁日昌認為這些廢料棄之可惜，便奏請清朝政府希望能運來臺灣作為興建鐵路之用，但是運來臺灣之後，丁日昌碰巧離任又加上經費不足，這些材料就放在港邊任其荒廢。後來劉銘傳就任臺灣巡撫後，為了避免經費不足的窘境再度發生，決定採「官督商辦」（也就是今天很流行的ＢＯＴ）的方式來興建臺灣鐵路，但是因為募資不順利，所以還是官方自行出資興建由基隆到大稻埕的路線並於一八九一年（光緒十七年）通車，原先的規劃確實是希望能從基隆直通當時的省城臺中甚至延伸到臺南，但接任臺灣巡撫的邵友濂因為經費問題，這台灣第一條鐵路也就只通到新竹而已。到了日治時期，因為原來的鐵路品質不好也已不堪使用，後來所興建的縱貫鐵路相較起先前清朝的路線才有不小的差距，故將舊有路線改為道路的路基使用。不過較鮮為人知的是今天連結台北與三重的台北橋前身其實就是這條鐵路當初經過的路線。更有趣的是，今天捷運新莊線大部分路線也和清朝這條鐵路有所重疊。

忠孝東路走九遍真的很累人，細說臺北市的道路故事

若你是每天都得搭臺北捷運藍線的朋友，一定知道這條線是臺北車站以東主要都沿著忠孝東路行進。而一般人口中的臺北市「東區」，其實大致上指的也是忠孝東路沿線的商業區地段。但分段多達七段的忠孝東路，由西到東，從臺北車站附近的臺灣公路原點開始，一直到南港的研究院路「碰壁」，將近十二公里，是臺北市最長的道路。同樣分段數達七段的中山北路，也被很多人誤以為是臺北市最長的道路，但是其實只有九公里，略遜忠孝東路一籌。

此外大家有沒有注意過呢？臺北市「南市區」的四條主要東西向道路，分別是忠孝、仁愛、信義、和平，也就是所謂的「八德」。什麼是南市區呢？一般認為，現今的忠孝東路就是臺北市南北分界的中央軸線，也因此許多有分南北路的南北向道路，都是

▲位於監察院前的忠孝東路一段路標。

以忠孝東路為分界點，例如剛才提到的中山南北路，就是在忠孝東西路的十字路口分界的。

但是聰明的你可能會想問，「不對啊，我今天經過敦化南北路，我發現敦化南北路是以八德路為交界的啊！在忠孝敦化站出口出來，往北走明明就還是敦化南路。」原來，在現今華山藝文特區、光華商場附近「岔出去」的八德路，當時可是堂堂的幹道「中正路」，而原本的忠孝路，是從華山藝文特區前面才開始，一直連到現今的忠孝敦化附近的頂好商圈。

關於神秘的「中正路」一直有很多八卦，例如現今的忠孝東西路以前是中正路，那以前到底有沒有「中正西路」呢？又，以前的中正路到底有沒有「分段」呢？這些都牽涉到蔣中正的時代的政治氛圍中，諸多的忌諱。許多人因為臺北車站前面的大路不再是中正路，以為臺北市就此沒有中正路；其實臺北市的中正路，現在出現在捷運士林站附近，不過這條中正路並不是搬過去的，而是因為士林區本來屬於臺北縣，因此士林併入臺北市後，才又出現了這一條中正路。

冷藝文

山頂的黑狗兄是瑞士人・最早的故宮不在台北・金馬獎的由來・神明遶境專用的GPS導航・最早到台灣取景的好萊塢電影・兩廳院的小秘密……

這些故事，沒說你知道嗎？

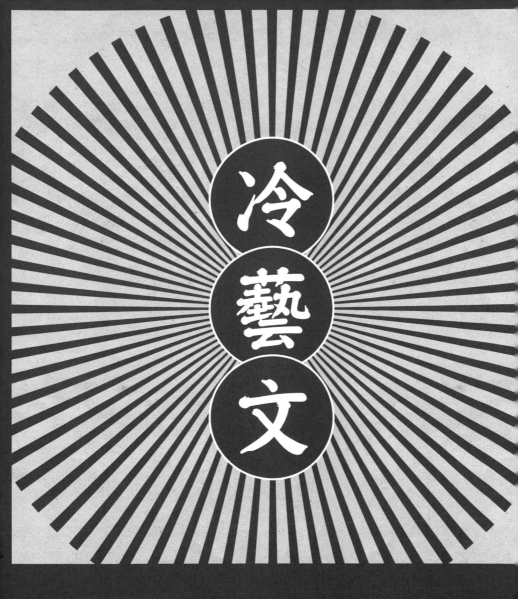

山頂的黑狗兄其實是位瑞士牧羊人？

〈山頂的黑狗兄〉這首經典的閩南語歌你一定聽過，也會跟著哼唱吧。歌詞大意是說一個住在山上的牧場少爺人稱黑狗兄，長得英俊又瀟灑、不但工作勤奮、又有副好歌喉，吸引很多窈窕淑女前來求親。而歌詞中其中最令人印象深刻的大概就是副歌高揚而逗趣的「U Lay E Lee～」這句了，大家有想過這句歌詞到底是什麼意思嗎？

這首閩南語名曲最初是由「寶島歌王」洪一峰所演唱的，後來則是由「哈林」庾澄慶詮釋的版本加入了很多現代流行音樂的元素才開始被年輕人認識。有人認為最早是取自日本曲的〈山の人気者〉填上閩南語詞，但在往前追溯〈山の人気者〉的作曲人原來也一位名叫 Leslie Sarony 的外國人，而原曲其實是〈Fine Alpine Milkman〉。

而另一首歌，是常常在學校音樂課播放的經典音樂劇電影《真善美》（The Sound of Music, 1965），其中音樂老師Maria帶著上校的七個孩子表演木偶戲時的樂曲〈The Lonely Goatherd〉（寂寞的牧羊人），歌詞描述高高的山上有個寂寞的牧羊人用歌聲和遠處的人們對話，其中有一段是用輕快的「O ho lay dee odl lee o」歐咿雷咿，做為高聲哼唱的主題。看到這裡大家應該都發現了吧，這兩首歌不論是歌詞內容還是演唱技巧都有點相似呢？原來這兩首歌其實都源自瑞士阿爾卑斯山發展出的一種演唱方式——Yodeling「約德爾唱法」。

Yodeling最顯著的特色就是高低音、真假音、不同共鳴部位的大跨度快速切換，聽起來就像是「油雷咿～」。想像一下在藍天白雲、高聳開闊的山坡上，牧羊人要對山上山下相距甚遠的家人、羊群和牧羊犬，甚至是另一座山頭的鄰居溝通，一定需要超大的肺活量還有明顯的抑揚節奏才能聽得清楚，所以才發展出這類獨具特色的唱法。

臺灣知名樂團「蘇打綠」也曾有一段結合〈The Lonely Goatherd〉加上〈山頂的黑狗兄〉的表演，大家有興趣的話可以到youtube上搜尋欣賞一下。我們今天聽到Yodeling的樣子其實已經脫離了山間溝通的目的，變成特別的藝術形式存留下來。但筆者也滿期待哪天如果到瑞士一遊時，不知還可不可以聽見原貌的Yodeling呢。

北 故宮、南故宮，最早的故宮卻是在臺中誕生

你去過臺灣的博物館嗎？相信多數人立刻都會聯想到坐落於外雙溪的國立故宮博物院（National Palace Museum），也應該都曉得在嘉義有個故宮南院，但是在民國五十四年故宮復院前，其實在臺中霧峰也曾經有過另一個鮮為人知的故宮博物院。

進入本篇主題前，先跟大家解說一下故宮博物院名稱的由來。這間博物館之所以會被稱作「故宮」是因為中華民國成立後，位於北京的紫禁城不再具有皇城地位而成了座「故宮」而得名。在當時中華民國政府的主導下，故宮也被開放成了故宮博物院。收歸國有並開放的故宮，在不久之後便因為日本在東北的侵略而開始南遷到南京與四川兩地。雖然在二戰結束後文物曾一度搬遷回北京重新開放參觀，但又因為隨之而來的國共內戰與國民政府的大敗而在一九四八年緊急安置到臺灣，目前為世界所熟知的國

立故宮博物院，其實是在一九六五年在外雙溪重新復院的，那麼霧峰的故宮又是怎麼一回事？

故事是這樣開始的……隨著中華民國政府撤退到臺灣的故宮文物們，撤退之初並不是安置在外雙溪，而是在遠離北臺灣的臺中糖廠，但糖廠廠房並不是適合長久安放文物的地方，因此在民國三十九年，政府於霧峰吉峰村北溝挖了個大型的山洞以便保存收藏文物。到了民國四十四年政治局勢稍穩後，由霧峰林家捐地設立了「北溝文物陳列室」以供陳列與參觀，在外雙溪故宮正式興建完成前這座霧峰故宮也成了國內外學者研究中國文物以及接待各國元首重要的場所。但是陳列室規模畢竟遠遜於專業級的博物館，當初臨時挖的山洞與興建的館舍也常常受到潮濕與漏雨之苦，加上當時的時空背景下，霧峰畢竟不是個交通容易抵達的地方，因此政府便決定在外雙溪重新興建一個新的博物館。經過多年的興建後，霧峰故宮在民國五十四年功成身退，臺北國立故宮博物院也正式復院。

現在如果到故宮本館可以清楚看到「中山博物院」的名牌高掛在大門口，但為何不是掛著「故宮博物院」的名牌呢？這是因為，在民國五十四年臺北故宮復院時，對岸的中共政權正在進行破壞文物的文化大革命，為了強調守護中華文化的正統地位，中華民國政府推動了中華文化復興運動，該年又正好是孫中山的一百歲冥誕，因此便將故宮的館舍稱作「中山博物院」。但也有一種說法是，當時的政府認為總有一天可以反攻大陸將文物遷回北京故宮，基於此理由故宮館舍的名稱才不叫做「故宮」，就端看各位讀者朋友相信與否了。

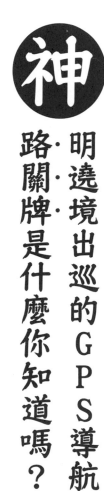

神明遶境出巡的GPS導航，路關牌是什麼你知道嗎？

你參加過遶境活動嗎？會不會老是覺得遶境的時候眼花撩亂，想多知道些什麼卻又無從認識起。如果你曾在臺南、高雄一帶參與過遶境，可能留意過走在遶境隊伍最前鋒的路關牌，卻從來沒有認真想過它背後的歷史淵源。

路關牌的「路」顧名思義是遶境隊伍行進的路線，「關」則是指廟宇、神壇等定點，這也是為什麼人們有時候會稱呼遶境經過的地方為「路關」。傳統的路關牌就很像是Google地圖一樣，人們於遶境前會在牌子上寫下遶境路線以及欲進香廟宇、神壇的名稱，這個「路線指南」就在神明出巡隊伍的最前面引領眾人前進。早期路關牌只是一面木牌，木牌上會刻有出巡路線外也會有主神封號全銜以及出巡目的等訊息。而現在的路關牌當然沒有像過去那麼講究，多半以大量印刷印製，其功用多半只是為了維持出巡隊伍的完整度與莊嚴性。甚至有些廟宇為求方便，也不見得是指派專人持舉路關牌，而是置放在手推車或是發財車上移動之。

然而，有些地方的路關牌到現在都還是保留著過去的特色與傳統，比如臺南著名的上白礁謁祖祭典，他們在路關牌上插了兩根稱做是金花／春花的裝飾。還有一些地區的路關牌，你會看到其裝飾方式反而是掛上了彩帶。這些路關牌上的裝飾有什麼樣的名堂？或許你會好奇地這麼問道。事實上這些看似作為點綴的裝飾牽涉到的可能是鄭成功治臺時期的一段歷史，反映出民間信仰在不同流域的遶境文化。

過去我們所理解的漢人傳統民間信仰，主要是早期遷徙到臺灣的漢人依血緣或是地域性因素組成的祭祀組織所支持。有一種說法是鄭成功從唐山渡海帶來的軍隊也同樣對民間信仰有不容忽視的影響。根據不少文獻的紀錄，鄭成功的軍隊來到臺灣的時候，很多將領都雕了小尊的神明帶著一起過來。除了我們耳熟能詳的陳永華之外，他的部屬還有帶領陸軍的左先鋒馬信，右先鋒則是海軍的黃安（不是反臺獨戰神——黃安），登陸臺灣後他們分別駐紮在不同的地方，而其駐紮處所祭拜的神祇便是當初他們請來的神明。

這和路關牌的裝飾有什麼關係？由於代表陸軍的馬信駐守於曾文溪流域一帶，當地廟宇的路關牌便是兩條根型的金花／春花，這其實象徵著陸軍的特色；而身為海軍的黃安，現在你到他當初所駐守的二層行溪一帶見到的路關牌，其裝飾則是以比較流動式、風帆式的、象徵性的彩帶為代表，並非只是純粹的裝飾而已。看來下次再去參加遶境，可不要再只是湊熱鬧而已唷！光是一個小小的路關牌，就能夠讓我們窺探到臺灣歷史的縱深與遺緒。

政治立場對立的歌曲〈美麗島〉與〈少年中國〉都出自同位創作者

提到「美麗島」，各位讀者最先想到的會是臺灣史上的美麗島事件、政治檯面上的美麗島事件受刑人與辯護律師、高雄捷運的美麗車站、還是想到國片電影《女朋友。男朋友》呢？以〈美麗島〉為名的經典民歌也在二〇一四年的太陽花學運期間被多次傳唱，許多媒體也都以電影《女朋友。男朋友》的主題曲來指稱美麗島這首歌，但對初識臺灣民歌的朋友，可以會以為這首歌的創作者是胡德夫先生，但真是如此嗎？

〈美麗島〉這首歌早在民國六十六年便由李雙澤創作完成，然而同年九月李雙澤卻因為在淡水海邊救人意外溺水逝世，未能親手將這首作品公開。其後透過他的朋友——楊祖珺與胡德夫整理李雙澤的手稿，才在他的告別式上首度公開這首歌。兩年後，即民國六十八年，黃信介創辦雜誌時便採用了楊祖珺專輯中的歌曲名字，將雜誌命名為

《美麗島雜誌》，也成為〈美麗島〉這首歌與黨外運動、甚至是台獨意識的產生與連結的濫傷。有趣的是，李雙澤另一首作品〈少年中國〉則被統派人士所使用，也使得同一個作者的兩首歌曲同時被政治光譜兩個極端的人士所各自擁護，可以說是相當諷刺。

民國六十八年十二月十日，美麗島雜誌社以慶祝世界人權日為名申請集會，雖然未獲當局同意，但是策劃的黨外人士照常舉行集會。當天氣氛詭譎，原定舉行集會的扶輪公園已經被軍警封鎖，遊行隊伍臨時改在今天高雄市中山一路與中正四路路口的大圓環集會。就在當晚，發生了台灣史上著名的美麗島事件；隔日，不但當局對參加的黨外人士展開全台性追捕，也因為媒體一面倒地指責活動參與者，大篇幅報導軍警是事件最大受害者，使得全台輿論對於當晚乃至之後的黨外運動大為反感。

而當晚遊行隊伍集會的圓環，就是今天高雄捷運美麗島站的所在地。由日本建築師高松伸所設計的美麗島站，曾獲二〇一二年美國旅遊網站BootsnAll評選「全世界最美麗的15座地鐵站」第二名，以及二〇一四年國際知名新聞網站PolicyMic「讓紐約客只能夢想的全球8大最美地鐵站」第二名。如果大家有機會路過高雄的美麗島車站，除了欣賞其美麗的穹頂，也別忘了緬懷歷史的傷痕，認識一段不美麗的過去。

常用卻沒發現的和制漢語，臺日的語言文化對抗

前面提過了日式地名，這篇要來聊一下和製漢語，說到這裡應該有很多讀者朋友想到的是很有活力的「元氣」、愛打電動的「宅」、或是新聞媒體愛用的「小確幸」……等這些日本的漢字詞彙，但本篇要跟大家介紹的卻早已是融入你我生活，常常都在使用而絲毫未覺的和製漢語。

先舉當年紅透半邊天的日劇《半澤直樹》為例，講的是三位在日本經濟泡沫時期進入銀行的好朋友的故事。銀行的英文叫做Bank國中一定都學過；但是你一定不知道「銀行」這個詞是由日本「傳回」中國的，也就說銀、行兩個字雖然都是漢字，但是「銀行」這個詞卻是由日本創造，再回到中國，作為Bank的對應名詞。這樣的詞語被稱為和製漢語。

清朝末年，大量的「日譯詞彙」隨著來自東洋的翻譯書刊傳入中國，這些「和製漢語」披著漢字的外皮，甚至對於21世紀的今天的我們來說再尋常不過了，但是對於當時的讀書人來說，不但覺得詭異，甚至覺得噁心、下流而無法接受。舉例來說，像是「社會」、「經濟」、「手續」等詞，對於我們來說，不過就是字典裡面收錄、學校有教而我們日常生活中也每天在用、在講、在寫的普通詞彙，但是在清末民初之時，以嚴復和張之洞為首的學者，無不對這些日譯名詞的入侵加以阻擋與批判。

為了與之對抗，有民初翻譯大師之稱的嚴復非常努力地「鑄造」對應的譯語或者新詞，然而這些由嚴復創造的譯詞往往過於文言或者像是古語，以至於不受歷經五四白話運動洗禮之「年青人」所喜愛。但是早在一九二〇年代，其實就可以說是勝負已定。誰贏了？各位可以想想看，如今各位所修讀的，是「質學」還是化學？是「斐洛蘇非」還是哲學？是「群學」還是社會學？是「計學」還是經濟學呢？

「經濟」這兩個字，就是不折不扣的和製漢語，也就是日譯詞彙。如今我們有經濟部、有經濟系，每天說要拚經濟，但是經濟這兩字，其實和中文毫無淵源，真的要說的話，可以算是出自「經世濟民」一詞，現在想來其實也沒有和 Economy 背後所代表的意義相差太遠；在來自日本的「經濟」一詞出現之前，中國原本將 Economy 稱之為資生學，而翻譯大師嚴復則將其譯為「計學」。類似的例子還有「團體」、「組織」、「膨脹」、「代表」，這些尋常的字眼，我們已經很難想像他們最初是從日文的漢字來的。

中國的文化和漢字在唐代傳入日本，由於日本西化甚早，所以領先中國接觸來自於西方的書刊，也因此很早以前就開始對西方的知識、名詞進行翻譯；而在晚清之時，中國總算開始接觸外來的文化與技術，就近從日本的翻譯書籍取材自然是水到渠成，卻意外地將這些「來自日本的漢語」重新引入了中國，有點兒像是中國出口了漢字到日本，又重新進口了經過日本加工的名詞回來的意味。就像「經世濟民」的概念，經過加工變成了「經濟」又重新回到了中國。

然而荀子曰：「名無固宜，約之以命，約定俗成謂之宜，異於約則謂之不宜」，約定俗成簡單地四個字，說明了在這場嚴復與和製漢語的競賽中，嚴復陣營挫敗之必然。社會、團體、代表、經濟這些新名詞早已透過報刊、教科書等出版品傳播，且由於日譯名詞早已形成完整而綿密的知識系統與字彙體系，反觀嚴復一人即使努力翻譯，他自身的翻譯作品就算再有影響力，也難以形成氣候，也因此他努力鑄造的名詞難以影響大多數的讀者，也無法受到知識分子青睞。

儘管嚴復在這場文化戰爭中大敗，其實他所秉持的翻譯信仰以及對於中國傳統文字的堅持，依然值得我們肯定，更不用說他所主張的「信、達、雅」，至今仍被譯者奉為圭臬。事實上，嚴復的許多翻譯名詞，因為優雅或者音譯兼顧，還是得以存活至今，對比他在這場對抗中的巨大挫敗，這些他所翻譯的名詞得以存活，顯得相當珍貴，而其中最有名的，就是「邏輯」這個字。嚴復先後創造了「名學」和邏輯二個詞來當作Logic的翻譯，用以對抗日製的「論理學」，而邏輯一詞得以倖存，我想應該讓嚴復大師足夠欣慰了吧！

參考資料：黃克武（民97）。清末嚴復譯語與和製漢語的競賽。中央研究院近代史研究所集刊，62，1—42。

魚苗怎麼數才不會出錯，來，唱給你聽

「一隻蛤蟆一張嘴、兩個眼睛四條腿」〈數蛤蟆〉這首來自中國四川的童趣民謠，大家應該多少都有點印象吧。不過我們台灣也有許多用來數魚苗的歌，但你會唱嗎？

鰻魚、虱目魚、錦鯉之類的魚種，經濟價值較高，交易時又常常還只是幼小的魚苗，又得在短時間內數完要買賣的數目。於是為了取信買賣雙方，減少爭議，漁民必須想辦法來精算。偏偏漁市場人聲嘈雜，數著數著容易被干擾，一閃神就弄錯數目，所以各地的漁民們便發展出各種數魚苗的歌「三尾、五尾、七尾，七尾加三尾……」，哼出固定格式的曲調，兩邊都聽到，可以產生信任感，也比較不會算錯，數到一百隻魚時可以丟下一根細棒子做為提點。每個「點魚工」唱的曲調都不太一樣，或快或慢，或輕快或沉穩，有時像在深情吟唱，有時又像是在遊戲，非常具有個人特色。

臺灣的養殖漁業大概已經有三百年的歷史了。這些曲調隨著台語式微，還有漁業經營模式的改變，越來越有失傳的可能，於是專家學者們目前正在把它們紀錄下來。像是台江國家公園管理處已經出版了紀錄片《魚音繞梁——戀唸台江》，導演陳怡靜和其團隊用一年多的時間，走訪了台江內海地區養殖漁業的真實場景，訪問許多在地漁民、耆老和專家，影片紀錄下了20幾首數魚苗的歌，以及老漁民的生活態度，是一部很可愛的小紀錄片；此外也找來金曲獎最佳臺語專輯及男歌手謝銘祐為這部片創作一曲〈魚毋知〉，模仿數魚歌的曲調，試圖用另一種方式傳唱出在地的老味道。

這部紀錄片在二〇一五年葡萄牙舉辦的「ART & TUR International Tourism Film Festival」影展中拿到了兩個獎項，為台灣文化在國際爭光。YouTube上可以找得到完整版，有興趣的讀者不妨找來聽聽，相信你一定也會覺得很有趣。

另外，除了前面提及的數魚苗歌之外，漁市場交易時還有許多喊價的術語跟手勢，也只有熟門路的競標者才知道，對此感興趣的朋友若能早起的話，不妨可以去漁市開開眼界，但可別隨便出聲或舉手，以免造成誤會付不出錢，或是帶了一堆自己吃不完的魚回家就糗了。

最早到台灣取景的好萊塢電影……《聖保羅砲艇》

說到台灣影壇與好萊塢的關係，媒體多半會從李安的推手與喜宴開始說起。但其實早在民國五十四年（遠比李安的《Life of Pi》、盧貝松的《露西》還早），就有一部好萊塢電影《聖保羅砲艇》（The Sand Pebbles）到過台灣取景，且不是蜻蜓點水式，而是將近一半的場景都在台灣拍攝。

Richard McKenna是一個退伍的海軍士官，他在一九六二年以三〇年代在中國生活的兩年經驗為藍圖寫了一部小說《The Sand Pebbles》。故事背景為一九二〇的中國，當時美國砲艇USS San Pablo利用滿清時代所簽訂的內河航行權得以行駛於揚子江，因為船名諧音而被船員暱稱為「Sand Pebbles」。

當時正處蔣介石開始北伐、共產黨開始在中國扎根。聖保羅號在長沙同時受到中國左派與右派的示威抗議，要求美國人離開中國。美國立場除了保護本身商業利益之外，更長遠的考量是害怕蘇俄扶植的共產黨勢力坐大，傷及自身在東亞的勢力。其中對共產黨的同情筆觸與對國民政府的負面描繪更是讓這部片直到解嚴後都不曾在台灣公開上映，直到近幾年才有復刻版的藍光。此片在美國也因反戰母題，問世時正值深陷越戰問題而毀譽參半。最後這部片風光獲得隔年奧斯卡八項提名，卻大熱倒灶鎩羽而歸。

本片由二十世紀福斯公司出品，於民國五十四年十一月二十二日拍攝團隊一百七十人抵達基隆，準備在台灣和香港拍攝。台灣的國營中影公司基於對導演Robert Wise（曾以西城故事與真善美兩片分別拿下各兩次最佳影片與最佳導演）與好萊塢電影工業的仰慕，全面協助拍攝。不止協助劇組在淡水、大稻埕、龍山寺、基隆的取景，更招募了一千五百位臨時演員。其中香港演員有秦沛、姜大衛；台灣則有王大川（大導李安在國立臺灣藝術專科學校的老師）、巴戈等。

即使有了台灣和香港全力支援，這部片的拍攝過程並不十分順利，拍攝團隊來台恰好遇到台灣最多雨的冬季，更在香港花了二十萬美元訂作吃水特別淺的道具船San Pablo

號，被戲稱為「福斯公司有史以來最大的道具」，劇組也找來一位曾在海軍服役的華裔苗先生隨船提供技術協助。由於拍攝需求，必須在香港和台灣兩地間來回拍攝取景，在海上遇到了風浪太大的問題，到了淡水河又遇到水深不足的問題。

另外國民黨政府於拍攝期間突然又拒絕提供協助，為了電影中幾個景的需求，別無選擇只好從澳洲運來T型古董車，使得拍攝經費遠遠超過預估值，導演一度想放棄拍攝。到了民國五十五年五月終於完成在台、港的外景拍攝，進度比起預計足足慢了兩個月。當時劇組甚至稱呼基隆為「多雨的哈瓦那（古巴首都）。」

男主角Steve McQueen當時也因喜愛跑車聞名全球，在台拍攝期間將其跑車由美國用輪船載來台灣，駕車出遊時隨身佩戴手槍自保。他在拍片時穿著海軍衣衫，外觀與當時駐紮台灣的一般美國水手無異。空閒時駕著跑車在台北市漫遊，由於跑車轟轟聲音很大，當時淡水的車輛也仍不多，所以總是非常引人注目。在八個月拍攝期間，他與家人皆長住圓山飯店，其後其妻Neile Adams在本片DVD收錄花絮訪談中大力批評戒嚴期間的台灣並無半點自由，完全不似台灣政府向美國宣導的自由形象。甚至在拍攝完成後主角Steve McQueen和導演Robert Wise兩人因此片對當時國民政府的負面描繪而被扣留台灣，二十世紀福斯公司才知事情不妙，用捐款的名義付了好大一筆贖金才將兩人贖回美國。

關於本片的另外一個趣聞是，由於此片在台灣實際拍攝期間達四個多月，當時所得稅法規定即使是外國人受僱於中華民國境外僱主，只要在台灣服勞務期間實際超過三個月就必須依法繳納所得稅。但因劇組抵台時剛好是十一月二十二日，若依照所得稅法會計年度計算，劇組在台滯留期間於民國五十四年五十五年分開計算情形下皆未滿三個月，不應被課所得稅。因此整個劇組都以原告身份，狀告財政部台北市國稅局。雖然最後最高行政法院認為兩個年度不應分開計算而判了國稅局勝訴，但該劇組應該從沒有想到在台灣的最高行政法院有個判例的原告是他們吧。

擁抱愛情的模樣，五月天的同志愛情歌曲

多元成家、婚姻平權的議題這幾年在相關團體和社會各界的努力下，逐漸取得大眾認同及關注。也越來越多歌手願意透過創作公開對多元成家的發聲與支持，像是張惠妹、蔡依林、五月天……等這些華語流行音樂界的意見領袖，也有不少歌曲或MV是在描寫同志間的愛情。

提到五月天，只要是學生時代曾參加過吉他社或是熱音社的朋友一定都練習彈過〈擁抱〉，因為這首歌只有四個和絃，適合剛學吉他的初學者熟悉指法，但在你一邊彈奏，一邊哼唱著歌詞的同時，一定沒有想到〈擁抱〉其實是首同志歌曲吧？

在〈擁抱〉歌詞中曾提到寫到：

▲曾被同志暱稱為「公司」的新公園，意指每天都要報到打卡的地方。

「晚風吻盡荷花葉／任我醉倒在池邊」

歌詞中提及的荷花池，只要稍微了解同志文化或是台灣文學掌故的讀者，或許都知道是代稱「台北新公園」（現稱二二八和平紀念公園）裡同志的社交場所或生活，尤其在白先勇的小說《孽子》當中著力甚多，所以足見荷花池並不是隨意寫到的意象。

而若說民國八十八年七月的《五月天第一張創作專輯》是五月天的正式出道作品，但其實早在前一年民國八十七年，角頭音樂公司發行《擁抱（台灣同志音樂創作２）》這張專輯時，五月天已經實質上參與專輯大部份詞曲創作和錄音製作。專輯內的歌詞有許多指涉同志文化的部份，歌曲也交由同志歌手演唱。這兩張專輯中收錄的除了皆前面提及的〈擁抱〉之外還有兩首分別是〈愛情的模樣〉和〈透露〉。而當時〈擁抱〉與〈愛情的模樣〉兩首歌，也曾分成上下兩個part，拍成一部描述同志愛上便利商店店員的ＭＶ，也由五月天成員出演ＭＶ角色。此外，〈愛情的模樣〉的歌詞，和後來收錄在《五月天第一張創作專輯》裡的也有所更動。

《擁抱（台灣同志音樂創作２）》中的歌詞是：

「愛在你身上飄蕩／品嚐你黃昏和朝陽／堅硬和柔軟的地方／是我的幻想／是你的樂章」

《五月天第一張創作專輯》中的歌詞則是：

「曾經孤單的徬徨／曾經相信曾經失望／你穿過了重重的迷惘／那愛的慌張／終於要解放」

另外還有一句，在《擁抱（台灣同志音樂創作2）》為：

「荷花池中泛著月亮／我在池邊不停流浪／天使和魔鬼的戰場／身體和靈魂／失眠的晚上」

在《五月天第一張創作專輯》中的歌詞則是：

「星星在夜空中閃亮／星空下我不停流浪／此生我無知的奔忙／因為你眼光／都化成了光亮」

會有這樣的變更，也許是因為在民國八十八年當時的社會風氣下，對個年輕樂團首張初試啼聲的專輯來說，這樣的歌詞也許太過露骨或立場分明才會進行更動。若換做是今天，我想大家也都覺得沒什麼了吧。而從更開放的角度來看，每首情歌都是愛情的模樣，何必再區分成是同志還是異性戀歌曲，你說是吧！

發現臺灣最早史前人類「左・鎮・人」的學者，其實是位考古素人

「我的生命從考古找到出口。從考古開始，未來也伴隨著考古結束。」

左營人南部的朋友可能常常碰到，但你還記得「左鎮人」嗎？在歷史課本上應該都曾說過「他」可能是臺灣發現最早的史前人類，不過應該少有人知道講出前述那句話的潘常武先生既是左鎮人的發現者，也是臺灣考古學界的傳奇人物。

時值民國五十九年前後，正逢潘常武先生人生的低潮期，在因緣巧合之下他到了臺南左鎮當模板工人。他發覺左鎮菜寮溪在大雨之後會沖刷下來不少動物化石骨骸，許多國內外的考古學者都會到此撿拾研究，於是基於好奇他也跟著一起參與，竟然就這樣被他發現了左鎮人的頭骨片以及更新世的犀牛化石。

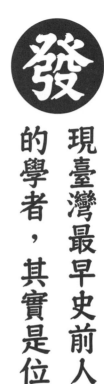

這不僅是臺灣考古學界的大發現，同時也引起了日本學界的注意。潘常武雖然只有小學畢業，但因為過去受的是日本教育，當時便成為了日本人的考古助理，學習化石複製技術。好學的他除了專注著與學者實地考古，逐漸專精於地質與動物骨骼的翻模。在墾丁國家公園遊客中心的地質展示便是他的傑作，同時由考古探坑剝取斷面的技術更是堪稱為國內的第一把交椅。

數十年來他積極投入搶救因為公共工程而遭受破壞的遺址。以大家耳熟能詳的十三行遺址為例，他就是長年自願留在遺址上，從飛沙走石中繼續尋找並保護遺址殘留遺物的人。此外，他曾兩度遭逢大火的吞噬，它們燒掉了潘先生畢生收藏的書籍與儀器，卻不曾燒毀他對考古的熱情與動力。潘常武先生在二〇一五年的二月與世長辭，雖然關於他逝世的消息並沒受到太多人的矚目，他的精神遺產卻值得我們記憶在腦海裡。

而相較之下，潘先生逝世的同年年底，一則左鎮人的新聞卻意外地佔據臺灣各大媒體的新聞版面，因為重新送去定年的左鎮人頭骨片被檢測出僅有三千年的歷史，臺灣史前史因此翻案而重新改寫。追究其可能原因，左鎮人之所以曾是臺灣最早的人類祖先是因為當年的技術限制。由於當年發現的化石是在地表採集到的，極有可能早已被污染；再加上那時負責檢測的日本學者下田信男所使用的氟錳定年法在現代已被視為是落伍且較不精確的方法，種種因素才讓左鎮人當了好多年臺灣最早的人類祖先。

華人電影界的奧斯卡金像獎，「金馬獎」的由來

每年到了十一月底、十二月初臺灣最重要的藝文盛事應該非金馬獎的頒獎典禮莫屬了。許多人在電視前屏息以待，期待著自己喜歡的影片、演員或是電影工作者拿下獎項，並被得獎人拿到獎座時的激動情緒給感染，典禮當天或隔天的娛樂版面也一定都是典禮相關的新聞。金馬獎頒到了二〇一六年已走到了第五十三個年頭。不知道各位讀者參與過幾屆呢？但有個疑問一定曾浮現在你的心頭，差別只在於好奇心使否有驅使你去找到答案。到底為什麼現年53歲的金馬獎當初會選擇「馬」而不是聽起來十分威猛、神勇，又有中國傳統文化的神獸「龍」或其他同樣厲害的十二生肖呢？

先讓我們暫時回到民國五十一年的時空，思考一下最初金馬獎設立時曾有過的考量基礎：當時在兩岸對峙情形下，政府希望能透過電影的力量，增加國家在世界上的能見

度，以及華人世界的影響力，因此廣邀各地華人參加。所以金馬獎最初設立時，不單單只有藝術上希望能提高華人在電影世界的影響力，更有政治上希望能將我們國家在華人世界中的影響力提升到最高的這個實質想法。而我國確實在華人電影世界中（甚至胡金銓導演的「俠女」是世界上第一位獲得坎城影展相關獎項的華語電影）的影響力也穩定提升。

但本篇讀者最關心的應該是，為什麼會選擇使用「馬」的意象呢？這其實是考慮到當年「金門、馬祖」兩地，在國軍戰略地位上是所謂的戰地前線。使用「金馬」二字，不僅意味著文化的力量要和武器一樣強大，同時也期許導演與電影工作者們能效法國軍的精神，努力帶領國家走出一片天地。到了今天，雖然兩岸已經走入另外一個新局面，但是金馬獎的意義已經不容抹滅，依舊是華人電影圈中最重要也最受重視的獎項。

再說一個女性同胞們可能比較不知道的冷知識。只要是服過兵役的男生，經歷為期一個月的新兵訓練後，都要再抽籤決定自己接下來要去哪個部隊報到，以服完剩下的役期。要是抽到外島籤金門、馬祖的役男也被戲稱是中了「金馬獎」，但想獲得此殊榮的役男應該少之又少吧……

跟中國的華山八竿子打不著的臺北華山文創園區

臺北的華山文創園區，不時會有藝文展覽和表演，儼然成為北台灣文青休閒首選了，但不知道各位有沒有想過，明明周邊都是高樓大廈，華山到底在哪裡？還是跟臺北市有著中國道路名稱一樣，也是借用中國五嶽之一的華山來當作地名？

其實華山文創園區不論是跟臺北或中國的山脈一點關係也沒有。之所以取名為華山，是因為這一帶在日治時期原名「樺山町」，用以紀念首任總督樺山資紀。二戰後國民政府來台，才用諧音字將「樺山」改作了「華山」。

華山藝文特區原為台北第一酒廠，早期因釀造水果酒頗負盛名，更有「水果酒工廠」的稱號。隨著台北都心日漸繁榮，衍生地價上漲與水質汙染等問題，酒廠遂於民國七十六年年遷至桃園縣龜山鄉。在廢棄的這段期間，一直有人希望將這塊交通方便且緊鄰市區的地帶規劃成藝文特區。民國八十六年金枝演社在酒廠舊址演出舞台劇，卻被警方以竊據國土罪起訴，才讓這個問題浮上檯面。兩年後，酒廠舊址正式更名為「華山藝文特區」，成為藝文展演與文創活動的中心之一。

較年長的讀者可能知道在華山藝文特區的附近還有個同樣紀念樺山資紀的華山車站。日治時期的台北車站與大稻埕一帶非常繁榮，當時為了抒解大批旅客與貨運，遂在台北車站北邊設置了「樺山貨運驛」並裁撤了原大稻埕舊站與台北車站的貨運業務。「樺山」同樣在戰後被改名成為了「華山」。

華山貨運站曾是台北市最大規模的貨品轉運總站，但因其只裝卸貨，並不載客，故許多人對這個車站並不熟悉。民國七十五年由於政府推動鐵路地下化，華山站的業務終被南港站取代而走向廢止的命運。現在華山車站的舊址已改建成為中央藝文公園，園區內還保留些微過去的車站痕跡，要是對鐵道文化感興趣的讀者可以去找找過去鐵路留下的歷史軌跡。

想從兩廳院的五號門入場，先看看自己的身分地位吧！

不知道你有沒有去過國家音樂廳聽過音樂演奏會？或在國家戲劇院看過表演？又或著，你其實就是站在舞台上演出的那一位呢？大家可能知道國家音樂廳和國家戲劇院合稱「兩廳院」，也就是所謂「國立中正文化中心」的簡稱。本篇就要來分享這兩棟國家藝術殿堂的秘密情報！

首先，大家都應該知道的是：「兩廳院」坐落於中正紀念堂內，就算搭捷運前往也要到「中正紀念堂站」下車。但是「兩廳院」和「中正紀念堂」在管理上其實是完全不相干的。我們一般所說的藍色屋瓦白色圍牆的中正紀念堂，是由「國立中正紀念堂管理處」所管理。基本上，大家所熟悉的「自由廣場」牌樓、圍繞整個中正紀念堂園區的圍牆等所有藍色屋瓦白色牆壁的建築，也都是由「國立中正紀念堂管理處」所管理。至於「兩廳院」的兩棟建築和其中間的藝文廣場（即自由廣場）則是由「國立中正文化中心」管理。兩者的界線，通常是以中正紀念堂前面的國旗桿來畫分：以東為「國立中正紀念堂管理處」管理，以西為「國立中正文化中心」管理。

來聽音樂會（或看表演），你有幾個選擇進入音樂廳（戲劇院）。你可以從信義路（愛國東路）側的「一號門」進入票口買票，或從正對面的「二號門」進入，享用春水堂（福華劇院軒）的美味餐點。若你是演出的工作人員，則必須走「三號門」的演出人員入口進入後台。搭計程車前來的朋友，可讓小黃走信義路（愛國東路）側的上坡車道進入「四號門」；至於搭捷運徒步前來的朋友，也可從藝文廣場走大樓梯上「六號門」；而自行驅車前來的朋友，地下停車場也設有「停車場出入口」方便駕駛人直接進入音樂廳（戲劇院）。條條大路通羅馬，不是嗎？

但是，「五號門」呢？從兩廳院的地圖中，我們可以看到五號門位於兩棟建築物的西側，旁邊只有一條較窄的行車上坡道。而在這你我不曾走過的「五號門」內，緊挨著華麗的大廳，以及兩側鋪著紅地毯的螺旋梯，若說是兩廳院最富麗堂皇的一隅也不為過。會有這樣的設計，其實並非偶然。其實「五號門」是設計給國家元首、外賓以及其隨從和保鑣進出的。所以，吾等市井小民在一般狀況下，當然不會由「五號門」進入兩廳院。

第三個秘密，經過藝文廣場（即自由廣場）的時候，無論你是來看演出、來絕食抗議，或是去餵鴿子，不妨試著在藝文廣場上拍個手。在拍手的同時，你應該會聽到一陣尖銳的「啾～」聲。這奇特的聲音曾經讓很多人佇足，還以為是哪來的小鳥從手邊飛過。特別的是，這樣的鳥叫聲伴隨著拍手聲而響，而且在越靠近藝文廣場的中心處拍手，「啾～」的聲音也越大。

這是因為在自由廣場的正下方，正是兩廳院地下停車場，一個可以容納695部小客車的單樓層廣大空間。若在空曠的廣場上拍手，其震動便會和這停車場的鋼筋結構產生共鳴，會發出尖銳的「啾～」的一聲便是這個原理。偶爾，參觀兩廳院的遊客在經過藝文廣場的時候，導覽員都會稍微解說一下這個小祕密。不過，每當導覽員解說完，遊客們馬上會拍起他們的貴手，開始在藝文廣場的中央拍手實驗。從遠方看過去，就好像一群人在發功似的。

最後一個秘密，則是你知道「實驗劇場」的入口在哪裡嗎？兩廳院內部的正規表演場地包含了國家音樂廳的「音樂廳」、「演奏廳」以及國家戲劇院的「戲劇院」和「實驗劇場」。而要進入「實驗劇場」看表演，對於不熟的人還真的不好找！「實驗劇場」有個特殊的入口，位於國家戲劇院「三號門」的旁邊。進入之後，你會發現腳上踩的是深咖啡色的塑膠地板，而非進入戲劇院或音樂廳時走的紅地毯或大理石地板。這種咖啡色地板，被兩廳院的工作人員稱為是「後台」的範圍。那麼，為什麼來「實驗劇場」看個戲，這麼多個入口不好好走，一定要走一個陰暗的側邊小門，從「後台」進場呢？

其實這個位於國家戲劇院三樓的「實驗劇場」，原本並沒有要作為演出場地而使用。在原本的規劃中，這個空間是要給前總統蔣經國先生作為接待貴賓的包廂，或是舉辦酒會的大廳。直到當時文藝界的老前輩如林懷民老師等人向前總統詢問過，確定蔣經國先生不會使用這個包廂，這個場地才被拿來改建為今天的實驗劇場。聽說，當時蔣經國是希望能和蔣中正這種浮華的作風畫清界線。不過，後來他也確實不常進入兩廳院看演出。順帶一提，實驗劇場也是全亞洲第一座採用「張力索式頂棚」（俗稱「絲瓜棚」）的劇場。下次前去欣賞表演之餘，也可以留意本篇所介紹的趣味之處。

兩廳院的地理位置與出口簡圖

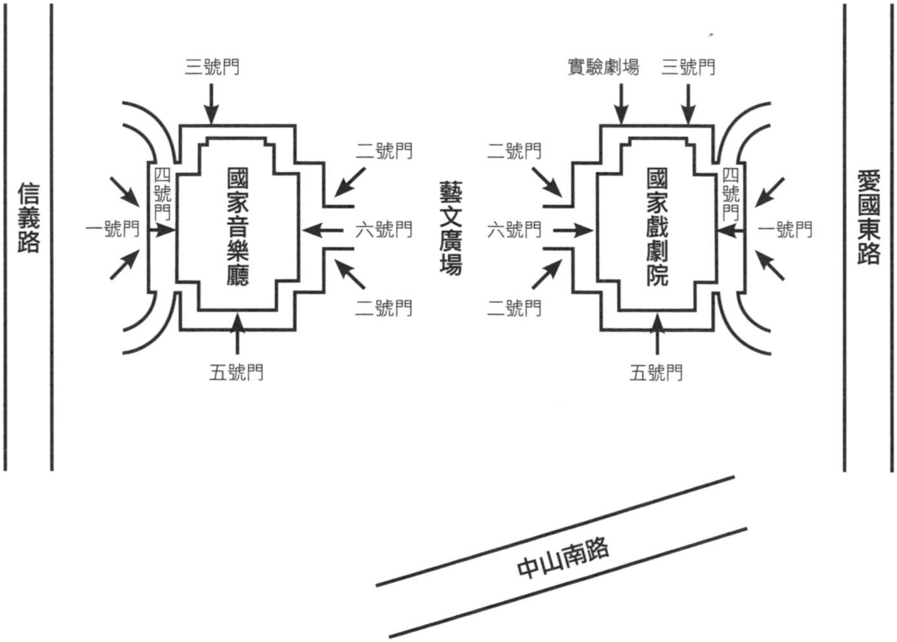

關於KANO，除了棒球……還有你所不知道的事

說到台灣棒球，不知道閃過你心中的第一個關鍵詞是什麼？「兄弟象」、「陳金鋒」、「紅葉少棒」、「王建民」、「陳偉殷」。一定也有人提到了「KANO」吧，那麼關於KANO——嘉農，各位讀者想到的第一件事又是什麼呢？「八田與一」、「曹佑寧」這都都不是接下來要提的，關於嘉農，我們要說的是網球。

網球在台灣體育史中所佔篇幅並不算太長，到日治以前皆未有臺灣人從事網球運動，僅有部分英商與海軍官兵參與，與台灣本土人民並未產生實質關聯。而後，隨著日本統治台灣，西化多年的日本人開始將網球運動帶進台灣。但直到一九〇三年前後，全台僅有四個單位設有硬式網球場，根據記載，當時硬式網球運動的球具如球拍、球及網子皆從香港直接進口，而參與硬網運動的多半為年輕的官僚。或許是因為硬體設備

昂貴且進口不易的緣故，這項運動並未在普羅大眾之間流行起來，始終帶著些許上流色彩。

而軟網，則是大約在一九〇七年由一名擔任報社運動部長的日本記者島山隆夫帶著器材引入台灣，並且十分熱中地推廣這項運動，此後軟網便在台灣蔚為風氣。網球運動在日本與台灣的發展都是先硬後軟，大概可以簡單地歸因於相較於耗費較多資財的硬網而言，軟網是個較易參與也容易普及的運動，在台灣的各階層也因此而快速流行起來，並且都有年度賽事的舉辦，風氣之盛行可見一斑。

看到這裡讀者會不會有種錯覺，網球似乎是「大人們」的運動呢？其實參與這項運動最投入的是台灣各地的中學生喔！就如同今天沒有一間學校沒有籃球場一樣，在戰前的台灣，沒有一所男子中學沒有網球隊和網球場呢！你可能會感到有些奇怪，那麼當時女孩們不打網球嗎？原因是當時女性能參與的運動不多，資源也頗受限。話說回來，在軟網盛行的年代，除了有各州廳的中等學校錦標賽外，也有全島中等學校錦標賽，這些賽事都讓當時的中學師生為之瘋狂、熱血沸騰。

起初網球只屬於日籍教師與公務員的專屬運動，極少台灣子弟參與，直到一九二二年實施「日台共學制」後，台灣學生終於有機會能和日籍學生一較高下了。而在競爭擴大後也使得軟網領域優秀人才輩出，甚至在日本相當權威的「奉納杯」賽事中，創下了台灣商工學生獲得優勝的紀錄，當時不僅震驚了整個日本網壇，也連帶使得社會人士拿起球拍熱情參與，因此成為一股風氣。

而究竟哪一所中學是軟網常勝軍呢？「台灣商工」與「嘉義農林學校」即為當時的軟網兩大名校。而在日本全國中等學校網球賽中，擊敗眾多中學網球好手，最後代表台灣到東京明治神宮運動場出賽的，正是「嘉義農林學校」軟網隊。而明治神宮運動場的網球場，即有著相當於棒球甲子園的地位與榮耀呢，能夠在這裡比賽的隊伍實力皆不同凡響。所以各位讀者你沒看錯，原來嘉農在成為棒球界黑馬以前，其實更是名氣響叮噹的網球王子培養皿啊！

下次若有人談起KANO，你能討論的就不只是棒球囉！

冷生活

生人勿近的送肉粽習俗．農曆年假放假規則．身分證中消失的英文編碼．小西點與馬卡紅的土洋對決．國小鐘聲誰決定的．喪禮出現的罐頭塔……

這些故事，沒說你知道嗎？

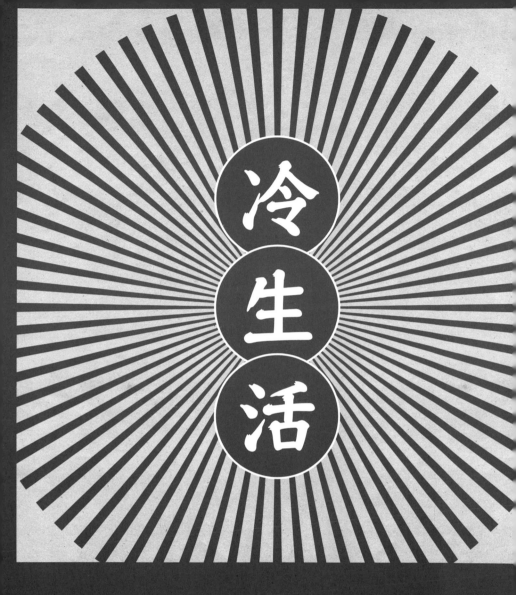

送肉粽可以吃嗎？生人勿近的民俗活動

「送肉粽」這個習俗，不知道大家聽過沒有，但若你以為這是分發端午肉粽給鄉里的活動而想前去領粽子的話，筆者勸你先停下腳步，看完本篇解說後你可能會有不一樣的想法。

關於「送肉粽」這項台灣民間習俗活動，多是在彰化縣西北沿海一帶舉行。從彰化市、鹿港、福星、和美、伸港、線西等鄉鎮，普遍都有著這樣的習俗。但早期或許不只限於彰化沿海地區，只是隨著時代演進，只剩部分鄉鎮還將這習俗保存下來，才會引發外縣市朋友的疑惑與好奇。

講了半天還沒說明到底什麼是「送肉粽」，「送肉粽」其實是一種喪葬習俗，至今應有四百餘年歷史。彰化一帶的沿海居民們普遍認為，選擇上吊自縊的死者怨氣最重，且傳說往生者斷氣後煞氣會殘留在吊具上，因此必須挑選時辰將相關物品送走，否則還會有人跟著步上絕路。會叫「肉粽」則是取「線綁住肉」的概念，用來形容上吊的人被繩子套住頸部，鹿港一帶更將上吊喻為「縛粽」[pak tsàng]（台語），用來取代直接說出「上吊自縊」這件事。

會取作「送肉粽」除了是發生的狀況有如肉粽之外，另有人稱為「吃麵線」，也是同樣的意思。會有這樣的習俗傳說是因為怕死者的怨氣太重，會再找下一個人上吊，也就是俗稱「找替身」、「抓交替」，與台灣其他地區會舉辦的燒王船活動概念差不多，皆是道教除煞方式之一。而北部多採「跳鍾馗」、中南部多以「道士驅煞」來安撫人心惶惶。

因此若發現有人上吊自縊身故，喪家會請法師以「金刀斷繩」，並在儀式中送走繩子、橫梁、樹枝、樓梯等任何亡者碰觸過的代表性物品，一併送到出海口或溪口火化。而這樣的儀式過程就稱為「送肉粽」，目的是藉此將亡靈送出海，避免遺留下來的怨氣影響生人。

而「送肉粽」活動通常會在舉行前，會由廟宇或喪家通知當地居民路線與時間，提醒居民需提前索取符令貼在家門口，且務必迴避，以免衝煞，沿線的商家也會提早拉下鐵門打烊。一般來說，傳說若不小心與「送肉粽」隊伍正面相遇，對生人相當不吉利。因此這段期間，隊伍通常會全程燃放鞭炮以提醒附近家戶要緊閉門窗。

對當地人而言「送肉粽」在彰化縣沿海鄉鎮並不罕見，儀式有安撫人心的作用，只是藉由「送肉粽」送走煞氣，但在民眾加油添醋後，常常描繪得比實際還要恐

鹿港「送肉粽」六大忌

禁忌	原因
1．不可脫隊	以免落單遭鬼魂纏住。
2．沿途居民不能開門窗	避免鬼魂趁虛而入。
3．禁止女性參加	男性陽氣重能制鬼，且趕鬼耗費體力。
4．隊伍不能超越令旗	趕鬼時鬼會逃至隊伍前方，超越令旗恐被纏身。
5．禁道姓名說再見	防鬼魂報復。
6．回程不能說話	防鬼魂回岸報復。

怖許多，讓人聽到都為之恐慌。由道教的觀點來看「送肉粽」儀式雖充滿煞氣，但只要做好事前防範，讓住戶及民眾適度迴避，應不會有意外「被沖煞到」情況。在鹿港，在地人或久住者都會知道「送肉粽」或趕鬼的六項禁忌，且人人遵守，右頁表格也分享給大家知道。

要是下次你在彰化沿海地區，不得已剛好遇上了，可以側身面向民宅迴避，心中默念佛號，不要直視。若真的迴避不了，已經直接相遇了，民俗專家的建議是，那你必須得跟著隊伍走完全程，表示送死者一程，回家前，再去廟宇求取香火護身即可。

因此建議大家，下次當你來到彰化沿海一帶，聽說有人要「送肉粽」，可不要興沖沖地拿著甜辣醬跑去敲碗湊熱鬧喔……

中研院、中科院、工研院，傻傻分不清楚

中研院、中科院、工研院，這三個單位讀者朋友一定都聽過，但大家認為他們是同一個機構還是不同機構呢？還有，工研酢是不是工研院的商品啊？

中研院、中科院、工研院是台灣三個最重要的研究機構，分別執學術、軍事、工業三個領域的研究牛耳。大部分的人可能聽過其一或其二，但是卻又搞不清楚它們之間的差別。其實這三個「院」各所屬於三個截然不同的政府部門，且職司不同領域的研究發展，地理位置也大不相同。

位在台北市南港區的中研院全名為「中央研究院」，直屬於總統府，是台灣等級最高的學術研究機構，研究生命科學、物理、化學與人文科學等學科。而全名是「國家中

山科學研究院」的中科院位於桃園市龍潭，是國防部的研究機構，主要研發火箭、核能等軍事相關科技；中科院目前已經法人化，並由國防部長兼任董事長、現役中將出任院長。位於新竹縣竹東的工研院，全名是「財團法人工業技術研究院」，是經濟部所設立的財團法人組織，負責推動國內工業與產業科技。值得注意的是，對岸的中國科學院——地位等同於台灣的中研院——也叫作中科院。

至於為什麼中研院的英文叫做 Academia Sinica呢？這看起來好像不是英文耶？是的沒錯，如果真的要把中央研究院直接翻譯的話，應該是 Central Chinese Academy；另一方面，Academia Sinica 其實是拉丁文，Academia 是 Academy、學院的意思，而 Sinica 則是拉丁文Sinae的形容詞，意思就是Chinese、中國的。所以如果把 Academia Sinica「翻譯成」英文，就成了 Chinese Academy，也就是中華研究院的意思。比起Sinica，大家可能比較有聽過Sino，Sino來自於北印度語，就是China的意思；而Sino-當作字根，就是 something relating to China「與中國有關的…」的意思，例如 Sino-Japanese War，就是英文的中日戰爭。

另外，家裡廚房都會用到的工研酢跟工研院其實是沒有關係的。是「大安工研食品工廠公司」的產品，而會用「工研」兩個字的理由在於大安工研食品工廠公司的前身是日本人在民國三十年所設立的工業研究所兼工研食品工場，也是全臺第一間釀酢工廠。而在日本人撤離後才改由臺灣人經營並改名為現在的大安工研，就請別再誤認成是我們工研院的商品了。

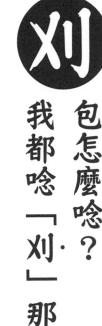

刈包怎麼唸？我都唸「刈」那你呢？

刈包，台灣的傳統美食，有 Taiwan Hamburger（台式漢堡）的美名。咬一口，白白嫩嫩像是饅頭的麵皮夾著滷透了的五花肉，享受酸菜、香菜、花生粉和糖粉一起在口中爆發的好滋味。因為模樣像極了老虎張嘴咬豬肉，所以也有人叫它「虎咬豬」（閩南語發音：厚嘎低），閩南語的「虎」和「福」的發音因為十分相似，所以民間有吃「虎咬豬」祈求福氣的習俗。也有人覺得刈包的形狀宛如錢袋，象徵富貴發財，十分喜氣，所以也被認為是能夠討好彩頭的食物。

刈包的由來已經難以考究，相傳三國時代的張飛用刀將饅頭劃開口子，再夾上餡料，所以也叫「割包」。不過也有人說是諸葛亮在平定孟獲後，為了教化當地獵殺人頭供祭祀使用的陋習而發明的。有趣的是刈包跟著早期福州移民被引進台灣後，其實也經過一番改良，因為傳統的福州刈包又稱「福州湯包」，做法是將刈包和紅糟肉切片放進碗公，撒上各式配料再淋上湯汁，但因為外出工作攜帶十分不便，所以台灣人將其改良成乾式吃法，酷似西式漢堡的吃法也是刈包成為台式漢堡揚名國際的原因。

現在很多餐飲業者為了健康取向等原因，研發不同的餡料口味，讓消費者可以有更多選擇。知名的日式漢堡連鎖店更是在二〇一五年的年底推出了刈包餅皮夾雞肉內餡的台灣限定款「福堡」，可見刈包深受台灣市場的喜愛。

但是你知道，「刈包」到底應該怎麼唸嗎？刈（ㄧˋ）當名詞是割草的鐮刀，動詞則有「割」的意思。所以，刈包應該發音「ㄧˋ包」，至於大家習慣的（ㄍㄨㄚˋ）包念法，其實是「割包」的閩南語發音，所以不管是（ㄍㄨㄚˋ）包還是（ㄧˋ）包的念法其實攏嘛ㄟ通！最重要還是要老闆和店員聽懂啦！

到了刈包熱賣的年底尾牙，根據黃曆（農民曆）記載，其實是在每年的農曆十二月十六日。但現在很多公司行號慰勞員工會依據宴客方便或其他考量，會選在年底前挑一天或是隔年初辦春酒，宴請員工慰勞辛勞，感謝土地公一年來的保佑，並為來年祈福，所以並不拘泥非得在尾牙當天辦理宴席。

古時候的清明節不掃墓，其實都在做這件事

「清明時節雨紛紛，路上行人欲斷魂」這首出自唐代詩人杜牧作品《清明》，想必大家一定從小就耳熟能詳了，而老師通常會解釋清明節之所以會被認為跟細雨綿綿的天氣連結在一起，除了因為是弔念祖先悲傷的氛圍所導致，同時也是由於中國傳統氣候的節氣使然，但古時候的清明節其實跟你所想的不太一樣。

早期的清明節並非都固定是落在中華民國現行頒布的國定假日四月五日，更不用說客家人的傳統也和閩粵習俗不太一樣，他們是在農曆正月十六日元宵節後掃墓。而古清明節在漢代之前為三月上旬的巳日，又被稱為「上巳節」，是後來才被固定在農曆三月三日。更令人難以想像的是，一般百姓從前在古清明節的時候不會去掃墓，而是把那天視為「春浴日」，希望能夠藉此洗去疾病、恢復身心的健康。

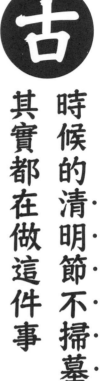

甚至也有青年男女利用這樣的日子約出去踏青，當作談情說愛的好時機，才會有杜甫《麗人行》「三月三日天氣新，長安水邊多麗人」的詩句出現。這樣的傳統一直到宋代理學盛行，當時上巳節的風俗漸漸式微，人們僅在那天掃墓順便踏青，之後該節日的意義便轉為以掃墓為主要目的。

既然如此，為什麼政府最後選擇國曆四月五日做為清明節呢？原來是因為民國六十四年的四月五日蔣中正總統逝世，政府為紀念他的貢獻便將該日訂為民族掃墓節。政府雖然早在民國二十四年便已經明訂清明節為國定假日，但在民國六十四年前是比照農曆年假一般的放假方式，所以有些長輩也還是會堅持在三月三日祭拜祖先，並稱那天為舊清明。大家現在可以回想一下每年的清明節，除了民眾會和家人一起團聚掃墓，我們的總統通常也會在清明節當天前往慈湖謁陵，便是因為蔣前總統的因素。

此外，為什麼現在我們過的是國曆的清明節，節氣的說法看起來也是頗具說服力呢？那是因為我們一般說的二十四節氣可說是陰曆的補充曆法，純然由陽曆所訂定，也就是現行的國曆曆法。所以每當清明節要掃墓的時候，你還是總有機會碰見下雨的時刻。溫馨小提醒，現在如果在清明節的時候邀心儀的對象出去，那最後的下場可能真的是會欲斷魂了。

民眾最關心的「小確幸」，年假放假規則告訴你

每當月曆翻到了十二月，年輕人最期待的應該非聖誕節活動、元旦跨年莫屬了，但不知道大家在看日曆時有沒有發現到，中華民國每年的「開國紀念日」和前一年的「行憲紀念日」，必定會落在不同星期的同一天。例如，民國二〇一六年的「行憲紀念日」和二〇一七年的「開國紀念日」都是星期天。很神奇吧！但可別被唬了，這也是大有玄機的。

一九一二年一月一日，孫中山在南京宣誓就任臨時大總統，因此把每年的元旦，設為「開國紀念日」。而每年的元旦和前一年的「行憲紀念日」，也就是一月一日和十二月二十五日只相差一個禮拜。這個道理，就如同每年的平安夜和跨年夜只相隔一週，所以說，兩者會分別落在兩個星期的同一天，理所當然。要是你說這些你早就知道

了，這篇內容當然不會只有這點分量。

在台灣每年都有各種大大小小的節日。不過，各式各樣的節日由來似乎不是大家最關心的。有沒有「放假」，才是市井小民最在意的一件事。而離開學生時代，和寒暑假告別之後，「放假」更成為社會人士生活中，如同小確幸一般的存在。說到「放假」，每間公司行號的放假規定、長短似乎都不太一樣。有的公司，會以政府機關為準。也有的公司會盡量放長一點，只是會扣彈性休假或者補休。如果不先把這些規則瞭解清楚，到時候被坳的可能就是自己。

自從週休二日正式實施以後，所有的國定假日遇到週休二日，都是不另外補假的。但是，唯二的例外，就是農曆除夕以及農曆春節。根據「公務人員週休二日實施辦法」規定，這兩個特例，只要遇到週休二日就可以補假。如果回頭仔細想想，公務機關的農曆年假，其實是只有放到初三的，不過近幾年因為春節幾乎都有涵蓋到週休二日，若再加上假期最後一天正巧是週四的話，週五還有機會彈性放假，並提前或假期後補班，因此才造成農曆年假「很長」的感覺。實際上，這是因為農曆年假與週休二日重疊，所以又往後面補假的關係。

但這也是每次大家在「很長」的農曆年假放完，都要經歷一段沒有週休二日或週末補班的收假陣痛期。也許，這正是「朝三暮四」這句成語的現代應用也說不定！而日前剛好有立委提議想將農曆年假統一明訂為九日，「小確幸」還是「拼經濟」各位想選的又是哪一邊呢？

出自臺中的美味記憶，蘋果麵包與鹹蛋糕

蘋果麵包曾是許多人在孩童記憶中的懷念滋味，學校福利社只要銅板價的定番商品，香甜好吃又有飽足感。但你是否曾經想過，為什麼蘋果麵包要叫蘋果麵包呢？翻到包裝背面查看，裡面也沒有任何蘋果原料啊！到底為什麼要叫蘋果麵包呢？

這個問題要請蘋果麵包發明人——臺中劉麵包廠的劉哲基爺爺來解釋，當初他在為這款新麵包的命名時，有感於那個年代，蘋果是非常高級的水果，家境富裕的人才吃得起。加上有款汽水廣告打得十分大，叫蘋果西打，因此靈機一動，想到將這款麵包命名為蘋果麵包，想說沾了蘋果的光，應該會讓這款麵包非常受歡迎吧，也就因此底定下來。所以，不管你吃的是哪個牌子的蘋果麵包，唯一與蘋果有連結的可能都只有包裝袋上的蘋果圖案而已。

而說到另一種臺中點心，各位讀者有吃過臺中豐原名產鹹蛋糕嗎？鹹蛋糕的使用材料為臺灣相當常見的配料，使用紅蔥、醬油、絞肉末、筍子末等調配而成，再用雞蛋麵粉包夾鹹餡料清蒸方式蒸炊而成。但為什麼當初會出現內餡配料是鹹的蛋糕呢？

這就要追朔到日治時期，臺灣西部縱貫鐵路通車典禮的年代了。在當時，由南北兩端交互施作的臺灣縱貫鐵路，於一九〇八年在臺中州正式接壤，當時日本明治天皇御弟閑院宮（也就是天皇的親弟弟）戴仁親王來臺主持鐵路通車典禮，而臺中公園的湖心亭就是當時林獻堂等仕紳為了迎接親王，而特地興建的臨時招待所。

主要負責接待親王的人員得知閑院宮載仁因曾旅居西洋，有吃蛋糕點心的習慣，因此臨時吩咐糕餅師傅——呂水，趕緊製作蛋糕，但不巧廚房裡沒有砂糖，老師傅看到一旁的肉燥，靈機一動，便拿肉燥擺上去當內餡。沒想到親王品嚐過後直呼「歐咿西」，大為讚賞，破例御賞以當時十倍的賞金犒賞呂水先生。事後，呂水將這份糕點發揚光大，由「老雪花齋」糕餅店傳承至今，其餘店家也跟著做起各式各樣的鹹蛋糕，也就這麼成為臺中地區的名產了。

從原住民的命名方式‧‧‧‧當個生活智慧王

小的時候我們除了問過爸媽「我們從哪裡來」這種大哉問之外，相信不少人也有印象自己疑惑著我們的名字是怎麼取的吧？得到的答案也許不外乎族譜、算命、姓名學、查字典……等命名方式，而為我們命名的人也多半是父母或家中有份量的長輩。長久以來生活在以漢人文化為主的臺灣社會，我們似乎都習慣了這樣的命名模式，其實原住民也有著一套遠遠不同於這種命名模式的傳統呢，我們就來看看其中的三種吧！

首先我們來談談達悟族。不同於漢人多半在家庭新成員出生之後給予初來乍到的嬰孩取名，達悟族的父母們不僅為第一個孩子命名，也會在孩子出生以後改變自己的名字喔！

舉例來說，孩子若叫做「藍波」，孩子的爸就會改名叫做「夏曼・藍波」——夏曼在達悟族語意為父親；而母親則會改名為「希南・藍波」——希南在達悟族語意即為母親。若是以漢語而言，就等同於「藍波的爸爸」、「藍波的媽媽」。

等到「藍波」長大成家、有了孩子，升格成為爺爺奶奶或外公外婆的「夏曼・藍波」與「希南・藍波」，也還會因為有了孫子，再更改一次名字，而在達悟語裡，祖父母輩都稱為「夏本」，因此夫妻兩個人都同樣名為「夏本・藍波」了。在達悟族傳統上，人一生中會經歷三次的命名時刻，依次是出生、成為父母、以及為人祖父母，若是沒有子嗣，可就沒有改名的權利了呢。

接著我們來談談賽夏族。說到賽夏族，也許「矮靈祭」馬上就閃過你我腦海，但除了這帶著神秘色彩的祭典外，其實今天的賽夏族人姓氏也是暗藏玄機。傳統賽夏文化的命名與許多南島語族人類似，以地名命名方式來說，多半是依該處生長什麼植物來命名，例如Pawpawh:an就是很多楊梅樹的意思；而今天的觀光勝地向天湖在賽夏語則稱作rareme:an，則意為很多染料樹。此外，也有些地名是用人名來命名，通常這意味著這個地方曾經發生過意外，故以遭逢意外的人名作為警惕之用。

另也有以自然界的動植物或自然現象來做為氏族的姓氏。到了十九世紀清朝統治臺灣時，為了便於管理，便要求賽夏族人改為漢名，而賽夏族人便選擇與其原姓氏意義相近、或語音相近的漢字來作為各世系家族的新姓氏，例如包括朱、胡、豆（趙）、夏、高、風（楓）、錢、潘、詹、解、章（樟）、絲、日、根、芎、獅、血、膜等。不過其中的獅、血、膜三姓已絕跡多年，其傳統語意為何如今也已失傳。

雖然賽夏族人口十分稀少，近半個世紀來也不斷在面對漢化與文化凋零的危機，但這些特殊的姓氏卻變成了一個世代流傳的符碼，有時也成為同族人彼此相認時的一個默契呢！

最後我們談談泰雅族吧。也許你曉得，原住民的傳統名字其實是沒有所謂「姓」的，但是從一個泰雅族人的名字中居然可以看出他是誰的孩子。因為泰雅族是採用「子父聯名」制的命名模式，例如一個泰雅族男人名叫「瓦旦．魯道」，他的父親是誰呢？沒錯，就是魯道。而隔壁有個泰雅族男人名叫「尤幹．魯道」，我們就可以推測這位尤幹可能是瓦旦的兄弟，因為他們的父親都是魯道。看到這裡，是不是覺得這樣的命名很有智慧！

然而這樣獨特的命名文化早從清朝政府對臺灣原住民「普賜漢姓」的政策，用以感化、漢化；延續到了日治時期皇民化運動下推動以日文「譯音」為主的命名方式。甚至是之後在民國三十五年五月，接手臺灣的國民政府公佈了《修正臺灣省人民回復原有姓名辦法》。並在三個月內迅速將臺灣原住民以任意分配的方式改為漢姓與漢名，在缺乏對傳統文化尊重與理解、也沒有詳加進行調查的情況下，更造成了同一家人卻有不同姓氏的各種困擾產生。

直到民國七十年代原住民權利運動、文化復振運動興起，各種團體不斷的努力奔走下，民國八十四年中華民國政府修正了《姓名條例》與《姓名條例施行細則》，臺灣原住民命名可以不再強制使用漢姓，而詳細的規則仍限制原住民姓名翻譯後的中文名字必須是「國語辭典或辭源、辭海、康熙等通用字典中所列有之文字」，不過仍然可以「傳統姓名之羅馬拼音」並列登記，才讓這些同胞可以換回自己所認同的名字。

全球米田堡血型比例最高的族群在哪裡？

說到血型，我們最常想到的血型系統多是ＡＢＯ系統及Ｒｈ陰陽系統，但你有聽過「米田堡（Miltenberger）血型抗原第三型」嗎？它在臺灣也是很重要的血型之一喔！馬偕醫院的許淳欣博士團隊正是研究米田堡血型多年的專家，不僅解開了各界以往對這種血型的疑惑，他們的研究成果也在二〇〇九年登上了國際權威的《血液》期刊，足見其影響力。

到底什麼是「米田堡（Miltenberger）血型抗原第三型」？舉個例子簡單地來說，當人運動的時候，體內會產生大量二氧化碳，這時身體若能迅速地排出二氧化碳，對運動的強度和持久度都有幫助。而人體中紅血球表面的「帶3蛋白」（band-3 protein）便是身體二氧化碳代謝重要的一環，研究證實，血型為「米田堡第三型陽性」的人，他們的紅血球上面，「帶3蛋白」的量會比血型為「米田堡陰性」者的紅血球還多出25～67％。

因此米田堡血型為陽性的人，相對米田堡血型陰性的人來說，可以把紅血球內部二氧化碳、酸鹼度等等的平衡調節得更好，也因此更能適應高山環境、劇烈運動等等的身體反應與變化。而在傳染病尚未被現代醫學克服的年代，這樣的特殊生理特質也使得人體較能承受瘧疾造成的酸中毒現象，這也可能連帶使得體力、耐力和運動表現與血型為米田堡陰性的人比叫起來更佳。

說到這裡，你也許會好奇，那米田堡血型陽性的人集中在那些地區、或是哪個族群呢？原來，米田堡血型陽型的人在全球所佔的比率非常低。根據血液研究顯示，歐美白人、日本人、北方漢人屬於米田堡陽性的比例都不到萬分之一，東南亞的泰國約佔7％，臺灣的平埔、閩南、客家族群大概有3～6％。而原住民中布農、排灣與魯凱的比例趨近零，達悟族佔34％、卑南族也有21％，至於阿美族，米田堡陽性比例則遠遠超出各族群，高達95％，是全球最高比例的族群呢！

另外再談談一件關於米田堡血型的小知識，若是米田堡陽性者的血輸給米田堡陰性者，便會產生嚴重的溶血反應，可能會有發燒甚至休克、昏迷等危及生命的徵狀，跟ABO血型系統錯亂一樣危險，因此醫院常會確認捐血的人是否帶有米田堡陽性抗原。

你身邊也有朋友的血型可能是米田堡陽性嗎？下次說到血型的時候，你們可就不只有ABO這個血型類別可以討論囉！

未成年不得食用茯苓糕

茯苓糕這款古早味的糕餅類點心你有聽過嗎？它是用米粉、茯苓、糖所製作而成，口感綿密，還具有利尿、除濕冷、消水腫的功效，你可能也很愛吃也說不定。但茯苓糕的故事我猜你可能聽都沒聽過，原來它在從前可不是誰都能吃得糕點，未成年可不得食用。

看到這裡應該稍微勾起各位讀者的好奇心了吧？光看「茯苓糕」字面我們可以知道這主要是由茯苓製成的糕點，追溯起來是屬於閩式的漢人小點，同時也是廈門的特產，是隨著早期中國沿海移民在台灣傳開。奇怪，到底是哪裡「兒童不宜」，為什麼說未成年不得食用呢？難道茯苓對小朋友的發育有影響嗎？

原來，相傳在明末清初之際，清太祖努爾哈赤與其部屬尚未完全掌握中土，為了鞏固政權與威嚇可能心向前朝的百姓，在清軍攻陷頑劣抵抗的廈門同安後，大舉屠城三天以殺雞儆猴。然而此舉反而更激起了許多人士抵抗到底的心志，有一位李姓商人在「反清復明」陣營暗地號召下，製作了一種夾心的糕點，取名為「復明糕」，顧名思義就是要反抗清兵，並將反清組織的行動與目標等等事項以小紙條夾於這樣點心之中，以便同志們相互知會、聯絡。而為了避免童言無忌、沒有城府與戒心的孩子無意間將藏於糕點中的秘密洩漏出去，遂不許孩童購買。

此外，由於「復明」與「茯苓」的方言語音相近，加上這樣糕點食材中也含有茯苓，經過幾代流傳後，復明糕漸漸地成為了今日的「茯苓糕」了。甚至到了今天，在廈門同安，還有放牛與挑糞的孩子不能吃茯苓糕的俗諺流傳呢。

不過根據文獻考察，以茯苓為主要食材製做成點心並不是直到清代才出現，在宋朝其實就已相當流行。就連大文豪蘇東坡也曾寫過「服茯苓賦」來記錄自己用茯苓做養生料理的經驗，所以本篇除了告訴讀者茯苓糕的典故之外，也另外讓大家知道蘇東坡除了東坡肉之外，也是有別道拿手好菜。

小

西點與馬卡紅的甜點界土洋至尊對決

你吃過馬卡紅（macaron）嗎？會不會其實你吃的是臺式小西點而渾然未覺？又或者你其實吃過馬卡紅，卻誤以為自己吃的是口感比較奇特的小西點呢？

馬卡紅（macaron），這種法式高級甜點十年前可能還沒那麼普及，但近這幾年在台灣已經無人不知，不人不曉了。因發音中的「ron」的法語發音與「紅」較為相近，但也有許多人將之譯為馬可龍。小小一顆，要價至少50元起跳，名店販售的甚至還到90元之譜，都快贏過一個雞腿便當了。但也許是因為馬卡紅有著細緻的口感、七彩繽紛鮮豔的色彩，還有「少女的酥胸」這樣令人遐想的別稱，又和西洋貴族名流喝下午茶的氣息相聯結，還是吸引很多消費者趨之若鶩。

但一定有多人質疑過：咦？馬卡紅不是和我們在一般麵包店看到一包很多顆、售價約40元的小西點長得很像嗎？為什麼兩者相比身價如此懸殊呢？難道，外國的月亮比較圓，馬卡紅是被炒作哄抬出來、虛有其表的食物嗎？

不不不，原來，馬卡紅在烘焙上需要相當高竿熟練的技術，溫度、時間、當日天氣種種條件都要嚴格把關，所以失敗率很高，由經驗豐富的師傅來製作也不一定會成功。製作材料是用蛋白、杏仁粉、糖粉（於是也有人稱它為蛋白餅）。馬卡紅與小西點的最明顯差異在於馬卡紅並不含麵粉，所以沒有發酵產生氣體蓬鬆起來。而且馬卡紅質地輕薄又易碎，同時相當甜膩不適合單獨吃，比較適合搭配無糖飲料（咖啡、茶類等）一起品嚐。

而小西點（又稱牛粒、台式馬卡紅）則是用完全不同、簡單許多的烘焙方式製成。名稱的由來已經無法確定，有人認為可能來自於法文的（biscuits à la cuillère），意指用湯匙塑形而成的餅乾（cuillère音近「牛粒」），也有人說是因為圓圓的外型像是牛的眼睛而得名。小西點含有麵粉，口感接近海綿蛋糕般的外酥內軟，售價通常比馬卡紅親民許多。一則嬌貴、一則平民，你喜歡哪一種呢？下次看到馬卡紅和小西點，可別再將它們混為一談了！

身分證字號中消失的英文字母

中華民國身份證字號第一個字母代表著不同的縣市，這已經不是秘密了，但有人可能誤以為這個字母就代表著出生地在哪，但事實上並非如此。其實身分證的首位字母代表的意義是出生後首次登記戶籍地所在地。也就是說，如果出生在臺北市（代碼A）的醫院，之後卻在基隆登記戶籍，那麼身分證字號就會是C開頭的。

而在民國九十九年臺中縣市、臺南縣市與高雄縣市合併升格以前，原本由A到Z都各自有其代表的縣市字母（請見下頁表），但是卻獨缺神秘的Y字母，到底是怎麼一回事？這個神秘的Y字母原本在民國六十四年以前都還有被使用，一直到之後才廢除不用。

這麼一說，像是臺中縣的L、臺南縣的R和高雄縣的S等三個字母於縣市合併之後就停發不用，以此推論可以得知是有縣市被廢除的意思囉？

是的，這個神秘的「Y」所代表的正是臺北市內的著名觀光景點——陽明山。而臺灣境內有這麼多座山，卻只有陽明山有如此特別地位，是因為民國三十八年國民政府撤退來臺之初，陽明山便被作為蔣中正的臨時駐紮之處，也因為軍事等需求，政府在該年便將陽明山以及當時仍屬臺北縣士林鎮、北投鎮等區域，劃歸為特別設立的草山管理局（隔年改名陽明山管理局）進行管理。

草山管理局設立之初原是直接隸屬於臺灣省政府管轄，也就是臺北市、臺北縣、中間還有多一個縣級的單位夾在中間。當時因為臺北市仍然屬於省轄市，所以三者都皆由省政府管轄並沒有位階高低的

身分證字號英文字母地區檢表

A臺北市	B臺中市	C基隆市	D臺南市	E高雄市
F臺北縣	G宜蘭縣	H桃園縣	I嘉義市	J新竹縣
K苗栗縣	L臺中縣	M南投縣	N彰化縣	O新竹市
P雲林縣	Q嘉義縣	R臺南縣	S高雄縣	T屏東縣
U花蓮縣	V臺東縣	W金門縣	X澎湖縣	Z連江縣

問題。但是到了民國五十六年臺北市脫離了臺灣省升格成直轄市後的隔年，陽明山的曖昧地位便發生了問題。

因為原來隸屬陽明山管理處局的士林區和北投區雖然已經劃入臺北市管轄，但全稱卻仍然是「臺北市陽明山管理局士林區」，這也導致「市裡有縣」的尷尬局面，直轄市卻要管理臺灣省底下的一個縣，也因此士林和北投二地在這段期間其實和臺北市的其他區域行政上無法接軌，市政推行上也遭遇許多問題，像是臺北市與陽管局甚至曾爭奪過士林國中校長的任命權。

這樣的狀況一直到民國六十四年，行政院為了解決此問題，直接去除陽明山管理局的行政權限，並降級為陽明山管理處改歸臺北市政府下的民政局進行管理。後來隨著陽明山國家公園的成立，民國六十九年則繼續縮編並改為臺北市政府工務處公園路燈工程管理處下的陽明山公園管理所。

也就是說，如果今天看到一個身分證字號是Y開頭的朋友，你可以大膽推測，他曾經住在士林或北投、或至少是在當地初次登記戶籍，而且是一個已經超過40歲的中年人士了。

身分證字號與統一編號的檢查碼…不只是數學公式也是有其意義

各位讀者有沒有需要報過帳的經驗呢？或者是去商店買東西的時候，被店員問過發票需不需要打統編？這時候我們需要的8碼數字就是所謂的統一編號（統一發票的名字就是得名於上面印有統一編號）。統一編號可能屬於公務機關，也可能屬於營利事業、財團法人等機構。

而如果你是中華民國國民，也應該會擁有一個十碼的「身份證統一編號」，第一碼用英文大寫字母代表初次登記的戶籍地，像是台北市是A、台中市是B；第二碼以1指男性，2指女性。第三碼則有一些玄機，有些非平常的身份可以從這裡看出，像是6是外國人歸化（例如外籍配偶）、7是海外僑民、8是港澳居民、9是中國大陸人士（例如中國大陸配偶）等等。

不過，不論是身份證還是發票上的統一編號，最後一碼都是所謂的檢查碼；也就是說胡亂湊數字有很大的機率會生出不合規範的碼而被發現。

身份證檢查碼詳細的驗證法簡單來說是把第一碼英文換成兩位的數字後，再與後面的每一碼依序乘以1、9、8、7、6、5、4、3、2、1，加總起來，除以10的餘數就是最後一碼的檢查碼。像是A123456789就是一個合格並確實存在的身份證統一編號，不過好像反倒造成擁有這個字號民眾的困擾。

發票上的統一編號也是用類似的方法來驗證，8碼依序乘以1、2、1、2、1、2、4、1，出來的8個結果如果是兩位數的話，再把這兩位數相加，最後全部加起來的結果要是10的整數倍才行。若是算出來不符合，但第7位為7，這時再加上1後可以被10整除，也算是過關。

現在有很多程式或網站需要使用者輸入身份證字號驗證時也會內建以上提到的檢查機制。現在發現了身份證字號和統一編號隱藏的秘密後，應該就能理解為什麼網站亂打身分證字號會無法通過驗證吧，也請大家不要用來為非作歹。

肥皂的閩南語你可能唸，但你知道由來嗎？

想問問自認閩南語還不錯的朋友，肥皂的閩南語都怎麼唸呢？應該都知道叫做「雪文」（ㄙㄚˋ ㄅㄨˊㄣ）[sap-bûn]吧。可說來奇怪，這唸法跟普通話中「肥皂」的唸法感覺完全就是不同字，而且嚴格來說「雪文」並不是漢文，有人會立刻聯想是日治時期留下來的外來語詞彙。但是今天日文中肥皂的說法是「石鹼」（せっけん）[sekken]，和雪文發音也相差甚遠，閩南語會這樣唸到底是出自什麼根據？

其實關於這個問題，有兩種說法，第一種說法跟前面提過的日本依然有些淵源。當初葡萄牙商人和耶穌會教士於16世紀左右時到九州活動，同時將西方文化與宗教傳入日本，而葡萄牙文中的肥皂為「Sabão」（音近薩波），日文吸收了這詞彙並用片假名發音成「シャボン」[shabon]。而臺灣於一八九五年在簽訂馬關條約割讓給日本統治後，引進了許多西化的新事物同時也包含肥皂，臺灣人的「衛生」觀念也因為義務教育的普及、以及總督府提倡下有了提升。我們現在常見的方形的塊狀肥皂，也就從日文的外來語「シャボン」變成了閩南語中的「雪文」，後來日語反而改用「石鹼」稱呼肥皂，只有提到肥皂泡泡時才用「シャボン玉」來稱呼。不過這個說法有些漏洞，因為根據考證在十九世紀末的清末福建地區就已經使用「雪文」來稱呼肥皂。

所以第二種說法則是追溯到十六、十七世紀的大航海時期，西班牙與葡萄牙人在中國東南沿海進行貿易時，就已將「Sabão」這種說法傳入福建地區，之後也隨著移民進入臺灣生活。

但除了「雪文」之外，還有一種是和客語發音一樣唸作「茶箍」（ㄉㄟ ㄎㄡ）[tê-khoo]，不知道你有沒有聽過？會有此差異因為平平都是肥皂，「茶箍」和由氫氧化鈉製成的「雪文」其實是不一樣的東西。「茶箍」這名詞的由來，其實是在早年臺灣人會將壓製茶油剩下的渣滓分成一塊一塊來使用，也具有清潔去汙的效果。所以說大家很可能兩種說法都有聽過，但今天隨著茶箍逐漸被肥皂取代，變得愈來愈少見，原本專指茶油殘渣的茶箍，也就慢慢和雪文混用拿來代稱肥皂了。

國中小學通用的上課鐘聲是誰決定的？

「噹檔噹檔～檔噹噹檔～」你一定還記得國中小學的時候，每天都要聽上10幾遍的上下課鐘聲吧！有人可能知道，這個鐘聲來自於英國倫敦西敏寺，每一刻鐘（15分鐘）報時的鐘響。不過這個原委究竟為何，怎麼會變成學生又愛又恨的上下課鐘聲呢？

原來是日本二戰後期，空襲警鈴和上課鐘聲同樣都是搖鈴的方式，而每當鐘響，搞得人心惶惶。因此一位廣島的發明家才製作了一種擁有四根金屬棒、能敲擊出四個音的時鐘。

而當時的BBC廣播電台都是用西敏寺的鐘聲作為開場音樂，而這位發明家聽到了覺得喜歡，便採用了這段旋律作為國中小學校上下課的鐘聲了。台灣也因此受到影響，畢竟除了日本、南韓和台灣之外，似乎也沒有別的地方使用西敏寺的鐘聲作為上下課鐘聲了。

不過，說到西敏寺，其實這段旋律也是在十九世紀才開始悠揚於西敏寺的鐘塔。要說更早的話，就可以追朔到劍橋大學聖瑪莉大教堂，從一七九三年換上新的鐘之後就開始使用這個旋律。沒有確切的資料顯示這段旋律的作者是誰，不過目前認為這段旋律來自於韓德爾《彌賽亞》中「我知道救贖者的存在（I know that my Redeemer liveth）」第五小節中四個音的變奏。

但若有熟悉這段旋律的讀者可能心裡這樣想。「這四個音是g#、f#、e、b，和我熟悉的鐘聲完全不同啊！」

其實在本文開頭就有提到，西敏寺鐘聲是每15分鐘響一次的。而事實上，每次響的旋律還並不相同。在一個小時中的四次敲響，其中其實運用了5個不同旋律的小節循環敲響。很複雜嗎？不如讓筆者在這邊做個簡單的介紹。

首先，先讓我們把絕對音準煩人的升降記號拿掉，移調成為大家比較熟悉的簡譜模式，這樣韓德爾的g#、f#、e、b就變成了3、2、1、5，我們命其為A。再做變奏成另外四種：

1、3、2、5為B；

1、2、3、1為C；

3、1、2、5為D；

5、2、3、1為E。

由於ABCDE的順序是固定的，但每過15分鐘便必須多增加一個小節。按此規則：在15分的時候，西敏寺的鐘聲為一個小節A（圖1）；下一刻鐘30分的時候，則敲響兩個小節BC（圖2）；再下一刻鐘45分，敲響三個小節DEA（圖3）；到了第60分，則敲響四個小節BCDE。而我們所熟悉的上下課鐘聲，正好就與整點報時的BCDE吻合。（圖4）

圖1

圖2

圖3

圖4
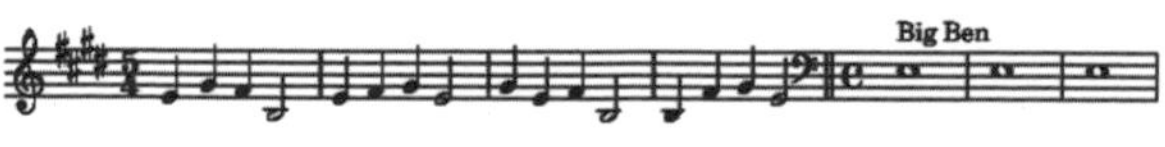

以這種特殊的方式，西敏寺的鐘聲重複敲響了近兩個世紀。也讓一些老一輩的英國人一聽就知道現在幾點了。不過說了這麼多，現在好像也越來越少學校採用西敏寺鐘聲當作上下課鐘聲了，像是筆者的高中就使用吉斯（H. Ghys）的《孤挺花》作為鐘聲。那大家還記得自己的學校又選用何種旋律作為鐘聲嗎？

被稱做「五百萬」的大傘為什麼名字比身價還貴？

「嘩啦啦啦下雨了，看到大家嘛都在跑。」一下雨天就是要撐傘啊！不然要幹嘛？每逢雨天，街道上傘花朵朵開，你有辦法說出路上各式各樣的傘到底有那些嗎？有折疊傘、陽傘、自動開收傘、直傘還有傘面很大的五百萬大傘。為什麼只有這種大傘被叫做五百萬呢？莫非是一種顏色代表一百萬？

其實這種五彩大傘會被稱作「五百萬」是因為在民國七〇年代當時台灣社會的觀念中，認為保險推銷就像是在觸人霉頭，對壽險業普遍抱持著負面的觀感，或是保險我用不到的想法。就在此時，苦於保險業務推展不開來的新光人壽，找上了時下深受觀眾喜愛的綜藝節目「雙星報喜」兩位家喻戶曉的主持人——巴戈先生與鄒美儀小姐。他們看上了兩位主持人的高人氣與樂觀開朗形象，希望能透過他們在電視廣告的演出與宣傳，進而扭轉台灣社會對保險的刻板印象。

在這支廣告的開頭，兩位主持人撐著一把非常小的傘行走在狂風暴雨中，也因為傘面太小不足以遮蔽兩人，把兩個人淋成個落湯雞，為了不要繼續淋雨，只好不斷地更換傘面較大的傘，而這些大傘的傘面上分別寫著一百萬、三百萬、最後則是五百萬的字樣，在五百萬大傘下的遮蔽，兩人終於不用再受風吹雨淋，得以安心地繼續往前行。

廣告用雨傘的傘面大小比喻成保險保額多寡，讓人很容易理解保險在遇到困難時的作用，也讓保險企業從觸人霉頭的負面觀感，搖身一變成為你遮風避雨的正面形象。當時這支淺顯易懂與詼諧有趣的廣告立刻一炮而紅引起觀眾極大的迴響，連帶使得廣告中的大傘被改稱為五百萬大傘；也因為這支廣告的成功，日後新光人壽甚至也以雨傘作為其企業識別商標。

順帶一提，雖然五百萬大傘又被叫做五彩傘，但事實上他只有紅藍綠黃四種顏色！可別再誤以為是一種顏色價值一百萬了。

為什麼棒球比賽輸了要去吃鍋貼？

提到臺灣的國球大多數人都會直接想到「棒球」。不論你支不支持這樣的說法，也無論你平常是不是有在關注中華職棒賽況或旅外球星的新聞，在二〇一三年世界棒球經典賽中，體育主播徐展元真情流露之下脫口而出的：「真的好想贏韓國！」在新聞和媒體的報導下，想必一定都有聽過，在當時也成為了一句流行語。

若說到棒球比賽的輸贏，近年來有在關注棒球國際賽事的朋友可能有留意到，網友常會在留言討論串或是直播聊天室寫到不想要再吃鍋貼了。到底打棒球跟吃鍋貼有什麼關係？是鍋貼店有跟主辦單位簽掛名贊助合約嗎？還是臺灣有哪個球員的副業是在賣鍋貼？

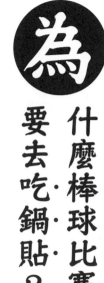

其實這是一個出自於ＰＴＴ上的流行語。本來比賽有輸有贏，有時候也不見得是因為打不好或是不夠盡力，所以即便輸了比賽也會用「雖敗猶榮」這樣的用語來安慰自己。二〇〇八年的北京奧運，中華隊對中國、甚至是最後九戰全勝拿下金牌的韓國通通輸一分，對美國則是輸兩分，雖敗猶榮一詞便在體育相關看板頻繁地被戲稱「衰敗遊龍」，甚至有人拿一鍋貼店名「四海遊龍」的諧音做類比。吃鍋貼的典故這樣被連結之後，另一家鍋貼店的店名「八方雲集」也被賦予同樣的意義。

如此看來，當初鄉民們使用「吃鍋貼」這個用詞的時候是帶有貶意的，但是現在它也不盡然都被用在負面的批評而已。比如二〇一四年在五都市長的選舉中，新北市長候選人游錫堃以些微差距落敗，被認為輸也是輸得很漂亮、是貨真價實的雖敗猶榮。也因此，當游錫堃被網友稱做是最有資格吃鍋貼的男人之後，吃鍋貼的說法便由黑翻紅。但鍋貼這個典故不必是資深「鄉民」也有很多人早已知道，所以下面再跟讀者分享一個小故事。

「四海遊龍」當初確實是誤打誤撞與輸球連結在一起，就和四海遊龍這家鍋貼連鎖店的創辦人李幸長先生也是在誤打誤撞的情況下開起了鍋貼店是一樣的。李幸長先生本來並不是賣鍋貼起家，甚至在二十多年前曾經是個小學老師；因為不滿臺灣的房價飆漲而散盡家財發起「無殼鍋牛運動」，甚至在街頭抗爭結束後繼續投入一九九二年的立委選舉。選舉落敗以後，李幸長因為負債七十多萬，只好白天在學校教書，晚上則在新北市中和黃昏市場擺攤賣鍋貼。因為這樣的機緣，他最後成為分店遍佈全臺灣的四海遊龍創辦人，也才會因此和雖敗猶榮產生連結，以及讓這篇冷知識誕生，人生的境遇和機緣有時真的是很奇妙。

喪禮出現的罐頭塔・・・
也有著不為人知的故事

當身邊的人遇到生離死別關頭時，要好好跟亡者告別真的是件不容易但卻又相當重要的事情。尤其在漢人傳統習俗文化的影響下，從小時候開始便感覺我們很避諱談論死亡，更不太清楚自己該怎麼處理與即將過世的、已經逝世的人之間的關係。

罐頭塔作為漢人殯葬禮俗中的重要奠物，講到罐頭塔你的腦海中可能都立刻浮現自己參加過的喪禮場景，或是電影《父後七日》的畫面。但也許你從來都沒有想過為什麼喪禮要用罐頭塔，甚至可能不知道作為喪禮中奠物的罐頭塔其實是臺灣獨有的現象。

早期辦喪事的時候都是鄰里共事，親友有錢出錢、有力出力。而在禮俗上亡者的嫁出女兒、兄弟、姊妹連襟、宗侄、內侄、外甥、姨甥、誼子女、姻親都會在這段期間提供奠品，因為治喪期間喪家處理後事十分地忙碌，送這些東西表示幫他們在這段時間裡「顧厝」。

該禮俗的淵源目前可以追溯至閩粵沿海一帶的海口禮儀，他們多半以竹為架封上鹽米、魷魚乾、糕餅類的食物，奠於靈堂，供喪家使用，而喪家回贈（壽金炮燭、糖）以示感謝。開始把罐頭塔當作奠品是直到人們移民至臺灣之後，隨著日治時期的社會變遷、再加上食物種類與樣式越來越多，奠物才漸漸有罐頭塔的選擇出現，甚至最後你可以在幾乎所有的臺灣漢人傳統喪禮上見到它。這也是為什麼早期大家會稱罐頭塔為「糕仔桶或糕仔盒」，但是現在大家只會知道罐頭塔而不清楚它本來的名稱跟禮俗背景了。上述的說法比較是民間常聽到的說詞。

也有一種觀點認為罐頭塔之所以作為奠物，是和臺灣早年在商場上叱吒風雲的鳳梨王——葉金塗有關。從日治時代到國民政府來臺之後有一段時間，臺灣鳳梨罐頭的出口銷量是全世界第一，今天你到葉金塗家族的舊居還可以見到外牆的鳳梨裝飾。根據口述資料便有人認為第一個拿罐頭塔當作奠物的就是葉金塗逝世時的喪禮，整個大稻埕滿是奠字的花牌、鳳梨罐頭塔與白布吊旗。

咦咦咦？喪禮上用鳳梨塔適合嗎？人家不是說鳳梨是「旺來」嗎？根據持本觀點者的說法，以前鳳梨的臺語發音不是旺來，而是「鳳來」。這名稱的典故來源是因為鳳梨葉子像鳳尾，以「有鳳來儀」這句成語為名。臺語的鳳發音為「閧」，不是像現在發「甕」的音。有老人家會說鳳梨的臺語發音改變和鳳梨王有關係，因為臺語的「甕」和「王」發音相近，所以發音從「鳳來」變成「王來，再轉變成「旺來」。

姑且不論哪種說法才是正確的，至少現在我們知道罐頭塔其實是在臺灣這塊土地上發展出來的喪葬文化，其他地方可是見不到的呢！

▲當年的古厝現已變成「台北城大飯店」。

黑道急救站，專門服務道上弟兄的醫院

有看過電影或戲劇中黑道槍戰的喋血情節嗎？要是有人受傷掛彩一定會和同夥說不要送醫院，會被警察發現，而轉往熟識的私人密醫。而現實生活中，台灣街頭火拼的新聞時有耳聞，不過要是道上兄弟受了傷，不想鬧上警局，又該如何處理，真的找得到密醫來即刻救援嗎？

你可能知道，各大醫院如果接到槍傷的病患會主動通報警方（註），因此很多道上兄弟火拼後負傷也不敢到醫院治療，只能自行草草包紮，但相對不專業的處理也容易導致感染，甚至嚴重致死。不過你知道嗎？台北市林森北路上有一家素有「黑道急救站」之稱的慶生醫院，不但深獲「兄弟」們信任，連許多「大哥大」無論在何處被砍傷、槍傷或中毒，也都指名要送到慶生醫院急救。

原來民國六〇年代台灣黑道鬥毆事件頻繁，尤其是中山區一帶因為特種行業林立，地盤之爭或是酒後爭執引起的打打殺殺更是難免，旅美醫生蔡詠梅便瞄準這樣的商機，集資在中山區的巷弄間設立了慶生醫院。

特別的是慶生醫院不但重視「病患隱私」，而且裡面的醫師各個醫術高超、身懷絕技，素有「橫進直出」之稱，因此很快就成為江湖上鼎鼎有名刀、槍傷權威，甚至有時候連警察身受槍傷也指名非要慶生醫院不可。

或許是為了防止仇家追上來趕盡殺絕，除了在慶生醫院的手術室設置的不是醫院一般常見的自動門，而是設有鐵欄杆防護的門之外，這裡甚至流傳有「手術刀」對上「開山刀」的傳說。據說當年主治的陳良善醫生開刀開到一半，傷患的仇家突然手持開山刀衝進手術房，軍醫出身的陳醫生也非泛泛之輩，不但絲毫不為所懼，甚至還板著臉嚴厲訓斥追上門的仇家，頗有醫院裡「我才是老大」的風範。此後江湖上便盛傳任何道上恩怨只要到了這都得放一邊，畢竟醫院本來就是救命的地方，而且誰也都有需要看醫生的一天啊！

不過這樣的傳奇醫院，卻因為創辦人蔡詠梅醫生的財務問題，在二〇〇五年一度停止營業，直到隔年降級為診所，才在蔡詠梅醫生的經營下於二樓的舊址重新營業，並轉型提供家醫、美容等醫療服務。

（註）

根據臺灣省醫療機構及醫師舉報規則第二條：醫療機構或醫師遇有下列情形之傷病患就診時，除依醫師法第十二條規定辦理外，如認有涉及犯罪嫌疑者，應即通知附近警察機關：

一．刀傷。
二．槍傷。
三．爆炸物傷。
四．藥物傷。
五．機械或其他物傷。
六．服毒。
七．自殺。
八．其他因傷致病者。

雖然本法在民國九十五年十二月十二日已經廢止，不過仍有醫療院所基於保護在院醫療人員與病患生命安全，於院方自治條例中規定仍需執行。

激勵人心的傳統小點「狀元糕」

讀者們平常走在路上或到某些觀光景點與傳統市場時，有沒有注意過一種推著車子上頭架著木製蒸箱的小攤販，賣著一種叫做「狀元糕」的小糕點呢？相較於市面常見的蘿蔔糕、豬血糕、或是紅豆餅，狀元糕這小吃似乎顯得較為冷門些。初次看到時一向嗜吃澱粉甜食的筆者也感到有些陌生。台灣的庶民小點從名稱多半可以猜得到食材或飲食屬性，但「狀元糕」這名字實在讓人看不出個端倪，總不可能包狀元餡吧？還是吃了能考狀元？

狀元糕是一種由米類磨成漿、脫水成粉後，放入木製模具裡，填入花生或芝麻為餡，待蒸熟成形後食用的一種類似粿類的小點。趁熱吃時入口即化，放涼後食用也帶有米類製品的彈性與香甜。而至於為什麼叫狀元糕，主要分成兩派說法，一屬外型論：因為這種點心的模具與做出來的糕點形狀類似自古代的狀元帽，便以此稱之。另一派說法則屬傳說論：這派傳說又分幾種版本，以下就為讀者們簡單整理一下。

相傳唐明皇某次微服出巡時到了浙江西塘鎮，走著走著便聽到一陣悠揚的絲竹之聲，發現原來是一間糕餅舖的年輕師傅正好請樂師為其父慶生。由於唐明皇本身也是個熱愛跑趴的娛樂咖，當然立刻加入這場地方宴會。而這位年輕師傅也飽讀詩書，兩人相談甚歡之餘，唐明皇也對師傅用米做的獨門小點心讚不絕口。而後唐明皇回到了宮中後仍念念不忘這樣的好滋味，於是派人再至西塘鎮打算外帶一份回長安。沒想到差人到了當地卻發現人去樓空，打聽之下曉得原來師傅帶著老父進京趕考了！嘴饞的唐明皇左思右想，為了在上千考生中找到這名師傅，遂下旨訂了一道申論兼實作題：「民以食為天」。正如所有的勵志故事一樣，經過一翻波折，年輕的糕點師傅憑著文采與烘焙王的氣勢順利地考取狀元，而偏心徇私的唐明皇也龍心大悅，狀元糕也就這樣流傳下來。

另一個版本則相傳清朝時有個窮苦又奮發向上的年輕人，為了進京趕考，一路上靠著販賣這款簡單的家常小點賺取盤纏，邊賣邊準備科舉。皇天不負苦心人，就這樣讓他給金榜題名了，皇帝便御賜狀元糕這名稱給他做的這種點心，於是這糕點也就這樣廣傳開來，從此也稱作狀元糕了。

總之，狀元糕作為一種帶點傳說色彩與吉利名稱的庶民小點，從前也被一些準備考試的民眾視為一種象徵好采頭的食物，隨著中國沿海人口遷移來台，這樣充滿傳奇色彩的點心也在台灣落地生根，成為了台灣豐富而多元的庶民飲食文化的成員。

臺灣日本禮金習俗大不同，包錯可就糗了

生活在臺灣的我們很習慣在喜事的場合包出（或收到）一千二、一千六、兩千二、三千六、六千元不等，除了零以外最後一個數字是「偶數」金額的禮金，取其「雙雙對對」的意思。通常決定禮金時會盡量避開單數，在雙數中也會避免四（死）、八（別）等有諧音義的偶數。「奇數」則往往用於喪葬場合，例如包出一千一、三千一的奠儀，表示希望壞事單進單出，不要出雙入對的意思。

不過日本人的想法可不太一樣。在日本，「奇數」往往被認為是吉祥的象徵，取其「不容易分、緣份不盡」的意思。日本人在婚禮時習慣包出「單數」萬元的禮金，並用祝儀袋裝著，稱為「祝儀金」。由於日本喜宴開銷較高且新人往往會為賓客準備當日的住宿，再加上結婚回禮，所以三萬日圓的祝儀金是常見的基本數額（合新臺幣

八千五到九千元），若是兩人出席則會提高至五萬日圓（合新臺幣約一萬四到一萬五元）。雖然四萬、六萬日圓的金額不適合，但「兩萬」有雙雙對對的意思，早期認為不太適合雙數，近來卻還是有人包的。喪禮時日本人也會避免包出「奇數張」鈔票的金額，常常以五千、一萬日圓來包，並避免三（慘）、四（死）、九（苦）等在日語中有諧音的數字。

臺灣人習慣使用紅包袋來裝結婚禮金，討個喜氣洋洋的感覺；但日本則多使用白色或淡色系的祝儀袋，以表示純潔無暇。在日式祝儀袋外還得打上稱為「水引」的繩結，通常是不易拆開的鮑魚結（鮑結び）或固定結（結切り，也就是常見的死結），以期許關係恆久綿長、不易分離；相對的西方常用的蝴蝶結（蝶結び，或花結び）則因為可以反覆拆開使用，有源源不絕的意思，並不適合用在婚禮、探病與葬儀，只宜用於一般贈禮如搬家、升遷等。

由於鮑魚結與固定結都只能使用一次，婚喪場合皆可使用，但配色略有不同：用於慶賀的婚禮得選擇金色或紅色搭配銀色絲線；喪葬場合則選用黃色或藍色搭配銀色絲線。最後，祝儀袋的款式也對應著祝儀金的數目多寡，通常會選擇禮金三十分之一到百分之一左右的祝儀袋款式，例如三萬日圓的祝儀金則應選擇三百到五百日圓的祝儀袋，若是祝儀袋太過豪華與禮金不相襯可就失禮了。下次如果遇到需要禮金的場合，還是先問清各地地的習俗與行情，不要造成對方的困擾才是算真的祝福對方。

颱風與Typhoon到底是誰翻譯誰？

臺灣位於太平洋易受颱風侵擾的副熱帶地區，身為臺灣人，對於每年定期侵襲的颱風想必都非常熟悉，每每發布颱風警報大家除了關心災情之外也關心到底要不要上課，網友們也開玩笑說：「本島不歡迎未達放假標準之颱風」，但你有沒有想過為什麼颱風的英語與中文翻譯幾乎念起來一樣呢？

颱風，英語「Typhoon」；臺語「風颱」[hong-thai]；日語「台風」（たいふう）[taifû]，颱風一般是指北太平洋西部及中國南海地區的強烈熱帶性低氣壓的稱呼，同樣的天氣型態到了大西洋西部、加勒比海、墨西哥灣和北太平洋東部的則稱之為颶風「Hurricane」，而在印度洋、孟加拉灣及阿拉伯海發生者通常會稱為「Tropical Cyclone」，中文常譯作旋風。

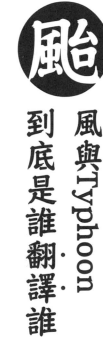

Typhoon這一詞最早源自於希臘神話中一位象徵風暴的妖魔巨人：提豐（Tifón），在希臘與之中代表著「暴風」或「冒煙者」的意思，身上由數百個龍頭構成，許多古籍中都有提到他的形象。而這個希臘名稱傳到波斯變為「طوفان」[Tufân]，是指印度洋的風暴，到了英語裡便成了Typhoon。

而中文颱風一詞的由來，有人認為來自「臺灣」的異體字「台」，也有說就是Typhoon的音譯。但據清王士禛《香祖筆記》，「臺灣風信與他海殊異，風大而烈者為颶，又甚者為颱。颶倏發倏止，颱常連日夜不止。正、二、三、四月發者為颶，五、六、七、八月發者為颱。」由此可見今日的「颱風」一詞，源出當時的「颱」字。僅此一字，不太可能是typhoon的音譯。又有說該詞可能源於廣東話的「大風」，因為粵語中「大風」發音為[daai6 fung1]，是否因此有可能傳至英語成typhoon，再譯回普通話成「颱風」呢？這個典故也是有人支持的。

最後一種說法認為，颱風可能源自閩南語「風篩」演變而來，會用「篩」是因為當時的人見到颱風期間風雨從四面八方打過來，在空中飛旋如篩才得此稱呼，而閩南語「篩」的發音同台加風作「颱」，故稱颱風為風颱，所以此一說法也頗為可信。所以颱風一名真正的由來至今尚未定論，上面這幾種由來，就端看讀者喜歡那一個解釋方式，就將颱風與Typhoon當作是件浪漫的巧合吧！

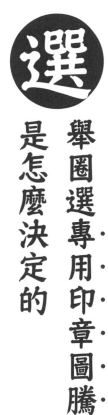

選舉圈選專用印章圖騰……是怎麼決定的

二〇一五年結束的總統大選，選出全臺灣的不分區與分區立委，也完成了臺灣史上第三次的政黨輪替，身為一位專業的選民筆者當然要來為大家複習一下選舉的各項知識。在這裡要為大家介紹的是臺灣選舉中圈選選票專用的印章，相信投過票的大家都知道，蓋在選票上的圖案乍看之下是一個圈中有著類似「卜」字的鏡像翻轉圖案。

至於為什麼會設計成這種樣式呢？其由來有兩種說法，一是「卜」字側看有點像「人」字，這也象徵選舉是「由人選人」，而當選者的權力來自人民。而另一種較科學的說法則是，在蓋印過程中，有時因為印章未乾透，在選票對摺之後，很容易會在紙的另一邊多了一個印，所以印章圖案設計成左右不對稱，一律統一卜字為向左下方，如此以來便可以讓唱票員容易分辨哪一個才是選民原先蓋的印，避免這些票變成廢票。因為「印泥沾太多而在對摺時印到選票另一邊」是有效票，而「多蓋了一個章」才是廢票。這樣的設計確實際簡單又聰明？

雖然選票設計上已有如此貼心替選民的考量，不過選民仍然有很大機會蓋錯，將自己神聖的一票作廢，最為人所知的事件莫過於知名影星林青霞於二〇〇八年專程自美返臺投票，可惜不慎誤用個人印章蓋在選票上，把自己的大名印在選票上，也成為臺灣歷來最出名的廢票。

投票一定要帶身分證，不可以用健保卡、駕照、護照之類的替代。也不一定要帶印章跟投票通知單，帶身分證跟蓋手印即可，只是為了選務人員方便，才會再三宣傳請大家攜帶身分證與印章。

關於傳統麵線的紅白大對抗

店員端來一碗大腸麵線，你在品嘗前先聞了一下香氣「啊！蒜酥、醬油、些許的醋香混和著香菜的清爽。」上頭鋪著滷大腸或清燙的蚵仔，樣樣都搔著你的胃。就在你舀起一口即將送入口中之前，先讓筆者問問大家一個問題「你想過為什麼麵線又分成紅麵線與白麵線嗎？」

多數麵線都是白色的，例如福建麵線羹與日本壽麵都是白麵，唯獨臺灣有紅麵線。與白麵線相比，紅麵線的口感更為Q彈耐煮而且香氣誘人，但其實紅麵線就是白麵線曬乾之後再經過烘烤的產品。麵線中的澱粉在烘烤後會發生焦糖化的現象而呈現淡黃至金黃的色澤，並散發出迷人的香氣，就像烤麵包時會出現黃金烤色與烤香一樣。高溫也會使麵筋蛋白鍵結成穩定結構，讓紅麵線更有口感、更Q彈、也更耐煮。不過乾燥的紅麵線與麵線羹的顏色還是有一些差別，這是由於麵線羹的湯底往往會加入醬油與高湯，當醬色滲透進麵線時，就會讓紅麵線的色澤更加紅潤。

解釋完了紅白麵線的差異，你知道為什麼煮義大利麵時需要加入很多鹽來調味，但煮麵線時卻不用加鹽嗎？義大利麵在揉麵、醒麵後會將麵皮擀開，再整形成我們所吃到的各種義大利麵（切條、切塊或做成其他各種形狀），製作的過程中並不一定需要加鹽，所以麵的鹹味主要來自鹽水，讓麵條在煮的過程中吸收鹹味才能變美味。中式麵食（例如麵線與拉麵）的製作方法跟義大利麵不太一樣，主要採用拉拽的方法製作，兩種方式最大的差異在於麵團本身對於延展性的需求。

由於拉麵與麵線是藉由拉拽來達到延展、拉長的目的，當麵團中有較高比例的麵筋時，麵條就能拉得更細更長；而在麵糰的基本原料中，鹽對於麵筋的生成最為重要。鹽由鈉與氯離子組成，可以安定麵筋中彼此吸引的帶電蛋白質，就好比潤髮乳之於毛躁的頭髮，當麵筋分子彼此互斥、糾結的情況減少，麵筋就能更順利地生成，使麵團的延展性大幅提升。鹽份的重要性尤其充分地體現在需要反覆拉製的麵線上，這也是為什麼煮麵線時不需再加鹽的原因了，下次老闆將麵線端上桌時你也可以考考他知不知道這些小秘密。

霞海城隍業務繁忙，顧陰間還要牽紅線

許多曾到過臺北旅遊的觀光客會選擇到位於大稻埕的霞海城隍廟求姻緣，但是不知道大家有沒有想過城隍可是掌管陰間的神明，為什麼這裏的城隍廟卻變成是主要在湊合善男信女的姻緣呢？去參拜過的信徒或許不陌生：若是你到霞海城隍廟去求姻緣，廟公或是一旁的義工在教你要怎麼拜的時候，第一句要你講的話會是：「城隍作主，月老幫忙。」這句話看起來似乎沒什麼特別的，實際上卻反映出該廟之所以是求姻緣聞名的原因。

據傳在民國六十年有位老太太到該城隍廟為子女拜拜祈福，孩子後來雖然確實真的功成名就了，老太太的心中卻始終仍有個小小的遺憾，那就是孩子們的感情生活似乎總是不順遂。於是她再次前往霞海城隍廟，再次向城隍爺祈求孩子們的姻緣，想不到之後她的孩子還真的各自找到理想對象。喜出望外的老太太為了感謝城隍爺的庇佑，遂向廟方表示將捐出月下老人的神像一座，讓城隍爺在處理男女姻緣與婚事的事務上能夠更加得心應手。這也是「城隍作主，月老幫忙」這句話所暗藏的玄機，最初可是城隍起的頭，現在實際到廟裡求姻緣要拜的神祇可是月下老人以及城隍夫人才對。

城隍若不是管姻緣，到底確切掌管的是什麼事情？「城隍」一詞最初起源於《易經・泰卦》中的「城復於隍」，從字義上解釋是城郭與湟水，也就是城牆跟護城河。一開始會祭拜城隍，是要感謝城郭與護城

▲香火鼎盛的霞海城隍廟，也吸引不少觀光客求姻緣。

河保護人民的安全，特別是遠離戰亂。但是拜著拜著，城隍也就由崇拜有型物品，轉為人格神的祭拜，也就很自然的成為掌管陰間的縣令。

當然霞海城隍廟可不是因為求姻緣相當靈驗才開始走紅的，早在十九世紀的清代就已經是座香火鼎盛的廟宇。當年的盛況我們可以從葉俊麟作詞、洪榮宏主唱的《臺北迎城隍》這首歌歌詞：「滴搭搭鼓吹牽長聲，連續一直鬧，七爺在前八爺在後，搖搖擺擺出風頭……全省最熱鬧的臺北迎城隍爺」看出些端倪，他們所描述的就是霞海城隍廟過去在五月十三的迎城隍遶境活動。

雖然霞海城隍廟曾經因為二戰爆發以及國民政府迫遷來臺有著諸多限制一度沒落，民國八〇年代卻因為該廟稍早前成為國家三級古蹟，再加上廟方刻意以「東方愛神」月下老人、城隍夫人做為觀光賣點，吸引以日本為大宗的外國觀光客前來拜訪，睽違數十年後再度成為人潮絡繹不絕的廟宇。

鯖魚罐頭也分顏色，難道是要戰南北

每個人都有上超市或賣場挑選罐頭的經驗吧？但不知道你是否曾注意過，賣場裡許多不同品牌的番茄汁鯖魚罐頭都有著紅與黃兩種顏色包裝，吃起來好像沒有什麼不一樣，究竟兩種不同顏色的包裝差別在哪裡呢？

有一種說法是：早期台灣北部販售鰹魚罐頭，使用紅色包裝；南部則販售鯖魚罐頭，使用黃色包裝。後來由於鰹魚停售，改以鯖魚取代，為了維持原消費者的習慣，故僅將標示中的「鰹魚」改成「鯖魚」。

而根據罐頭大廠同榮實業的網站說明：「蕃茄汁鯖魚罐頭黃色罐和紅色罐在內容物方面包括所使用之原料，配料及調味均完全一樣，惟因早期區域銷售關係在北部只販售紅罐而南部販售黃罐，後來因交通便利南來北往頻率增加，常有南部消費者上北部找不到黃色罐的蕃茄汁鯖魚罐頭，北部民眾下南部買不著紅色罐的蕃茄汁鯖魚罐頭，消費者對既定的印象很難去做改變，遂將此二項商品同時上架，讓消費者可以自由選擇購買。」另一間罐頭大廠紅鷹牌海底雞在網站上也刊登著相同的理由說明其中奧妙。下次站在罐頭架旁不管選擇紅罐或黃罐，內容物都是一樣的，不必再猶豫不決了！

既然提到鯖魚，讀者們在日常生活中是不是不常吃到新鮮的鯖魚？不管是做成罐頭、鯖魚一夜干或是鹽漬鯖魚，都是口味比較重的烹調方式，為什麼沒人愛吃原味的鯖魚？其實鯖魚是一種油脂含量高的魚種，所以溫度上升時，油脂被酵素分解的速度會比其他魚種來的更快，導致新鮮鯖魚的保鮮期比較短；鯖魚裡分解蛋白質的酵素含量也比其他魚種高，致使烹調時間拉長時，魚肉容易轉化成鬆散的泥狀喪失口感，故不適合加熱烹調。藉由鹽漬或醃漬可以使分解酵素變性、失去活性，讓烤出來的魚更好吃，這也是為什麼市面上比較常見醃漬或加工過的鯖魚的原因！

臺灣 沒說你不知道
生活在這塊土地的你可以拿來說嘴的七十則冷知識

作　者　每日一冷
何昱泓、李正嵐、李柏南、李庭恩、林幸萱、林　怡、林洞志、郭璨宇、陳冠吟、陳建豪、劉秋芳、盧德昀、賴奕諭、蘇瑋允（按姓氏筆劃排列）

榮譽發行人　黃鎮隆
總經理　陳君平
經理　洪琇菁
總編輯　周于殷
美術總監　沙雲佩
封面設計　萬亞雰
公關宣傳　楊玉如、洪國瑋
國際版權　黃令歡、梁名儀

出版　城邦文化事業股份有限公司　尖端出版
台北市民生東路二段141號10樓
電話：(02)2500-7600　傳真：(02)2500-1971
讀者服務信箱：spp_books@mail2.spp.com.tw
發行　英屬蓋曼群島商家庭傳媒股份有限公司
城邦分公司　尖端出版行銷業務部
台北市民生東路二段141號10樓
電話：(02)2500-7600(代表號)　傳真：(02)2500-1979
劃撥專線：(03)312-4212
劃撥戶名：英屬蓋曼群島商家庭傳媒(股)公司城邦分公司
劃撥帳號：50003021
※劃撥金額未滿500元，請加付掛號郵資50元
法律顧問　王子文律師　元禾法律事務所　台北市羅斯福路三段37號15樓

台灣地區總經銷　中彰投以北(含宜花東)　楨彥有限公司
電話：(02)8919-3369　傳真：(02)8914-5524
雲嘉以南　威信圖書有限公司
(嘉義公司)電話：0800-028-028　傳真：(05)233-3863
(高雄公司)電話：0800-028-028　傳真：(07)373-0087

馬新地區經銷　城邦(馬新)出版集團　Cite(M) Sdn.Bhd.(458372U)
電話：(603)9057-8822　傳真：(603)9057-6622

香港地區總經銷　城邦(香港)出版集團　Cite(H.K.)Publishing Group Limited
電話：2508-6231　傳真：2578-9337
E-mail：hkcite@biznetvigator.com

版次　2016年4月1版1刷　Printed in Taiwan
2021年8月1版13刷
ISBN　978-957-10-6551-9

國家圖書館出版品預行編目（CIP）資料

臺灣 沒說你不知道：生活在這塊土地的你可以拿來說嘴的七十則冷知識 / 每日一冷著. -- 初版. -- 臺北市：尖端出版：家庭傳媒城邦分公司發行, 2016.04
面；　公分
ISBN 978-957-10-6551-9 (平裝)
1. 通俗作品　2. 臺灣
733　105003072